.

Copyright: Raija T. Öberg
Titel: Magiska möten med Änglar
Utgivningsår:
Omslagsfoto: Raija T. Öberg
ISBN: 978-91-8027-586-6
Tryck: Books on Demand, Norderstedt, Tyskland
Förlag: Books on Demand, Stockholm, Sverige

En sagoberättelse om

Magiska möten med Änglar och andra varelser!

Del 4

Raija T. Öberg

Förord!

Jag har under en mycket lång tid sedan fått information om att jag ska skriva små berättelser om mina upplevelser och de kanaliserade budskap som är till oss människor att få ta del av från olika mästare från högre dimensioner så jag fortsätter att skriva ner mina händelser jag upplevt på jorden denna gång.

Jag skriver också ner mina tankar och funderingar om livet på jorden som det ser ut nu. Jag lär mig vartefter jag skriver hur jag ska formulera mig och hur jag ska skriva ner berättelserna. Det kanske inte är perfekt skrivet men vad är perfekt och vem säger och bestämmer att något är rätt eller inte rätt!?

Jag fick veta att jag skulle skriva ner upplevelserna som i en sagoform som jag berättat om i mina andra två böcker. Berättelserna kan tolkas på många olika sätt beroende på vad människor tror på och om man har insikterna om att allt är möjligt så är det lättare att förstå och ta till sig av berättelserna. Jag vill också nämna att jag tar inte ansvar för hur andra tolkar det jag skriver i mina böcker! Det är upp till var och en att tro på vad man vill! Detta är min tro och sanning!

Jag fick mer och mer information kanaliserat till mig att jag skulle fortsätta att skriva ner det som kom till mig. Efter att den andra boken skrivits av mig så trodde jag nog att det inte skulle bli fler böcker men plötsligt en dag såg och hörde jag en ängel som visade sig för mig, som så många gånger tidigare.

Jag fick budskapet att jag skulle berätta om mina möten med änglar och andra varelser och en del av mina minnen från tidigare liv som till exempel Atlantis jag upplevt och att titeln skulle vara:
"Magiska möten med Änglar"!

Det var en gång...

En kvinna som ofta hade kontakt med änglar, dessa underbara, kärleksfulla varelser som har hjälpt henne under svåra tider i hela hennes liv på jorden. När det blev besvärligt på olika sätt så bad hon alltid änglarna om hjälp med styrka och mod att klara av vad det än kunde vara hon behövde hjälp med i livet.

Hon mindes hur hon som barn ofta kände sig otrygg i livet som var då och det kunde vara både hemmavid och även i skolan. Som barn var hon mycket ängslig och orolig, hon kände inte sig trygg med att vara en människa på jorden. Hon tyckte att människorna och klass kamraterna i skolan var fördömande och elaka många gånger, hon tyckte att de flesta var så ytliga.

Det verkade vara så viktigt med vad alla skulle ha för kläder på sig till exempel, det skulle vara det senaste modet och hade man inte det, vilket hon inte hade för att det fanns inte pengar nog för det i hennes familj utan oftast var det begagnade och ärvda kläder som hon och hennes syskon hade tillgång till. Hon kunde få långa ogillande blickar på sig med avsmak från de andra ibland och det på grund av kläderna!? Detta kändes tungt och ledsamt för att de inte såg henne som den hon var och att de bara såg det ytliga.

Många gånger när hon gick hem från skolan så tog hon en väg som gick genom en skogsdunge där hon kände sig så trygg bland träden och av doften av skogen och naturen. Där i denna magiska skogsdunge, som hon kallade platsen för hade hon ett av flera helande möten med änglar. Tilläggas ska att innan hon började skolan, när hon var mycket liten så kunde hon se och få kontakt med dessa varelser som hon då trodde var snälla och kärleksfulla människor.

2

Hon undrade ibland varför andra människor inte kunde se dom men hon var bara så glad att få se och möta dessa varelser så hon brydde sig inte så mycket om att andra inte såg det hon såg. Senare i livet förstod hon att det var änglar hon hade kontakt med. De gav henne tröst när hon behövde omsorg och kärlek och det behövde hon många gånger som barn och när hon blev äldre fanns de alltid där för henne.

Hennes älskade mamma fanns där också för henne när hon var liten men hon hade några syskon som också behövde tillsyn och kärlek. Hon var näst äldst i syskon skaran så hon behövde hjälpa till med hushållet så hennes mamma kunde ta hand om små syskonen. Hon mindes hennes mamma som mycket skör och sliten i kropp och själ.

Hennes far kunde vara okänslig gentemot hennes mamma och till oss barn visade han aldrig några kärleksfulla känslor, det var en mycket kall och kärlekslös uppväxt från hennes far som hon upplevde då och denna känsla fanns där ända in i vuxen ålder tills han gick bort av hög ålder och sjukdom. Hennes mor var däremot mycket kärleksfull och hon älskade oss barn men hon gick bort i tidig ålder under tragiska omständigheter.

Innan hennes far gick bort och när hon fortfarande var ett barn så kom en styvmor in i hennes och syskonens liv kort efter deras mammas bortgång och det blev en förändring på många plan. Hon hade svårt att förlika sig med en "ny mamma" så hon började känna sig ännu mer otrygg med tillvaron.

Dessa gånger när känslan av otrygghet och övergivenhet kom över henne så fick hon möta änglar som tröstade henne, det kunde vara i hennes drömmar som dom kom eller när hon lekte eller var för sig själv som hon ofta var vilket hon trivdes med mestadels.

3

I denna skogsdunge som hon nämnde tidigare där hon gick på väg hem efter skoldagens slut hände det flera gånger att hon kunde få se dessa varelser framför allt när hon känt av de negativa känslorna i skolan där hon hade blivit mobbad på grund av att hon inte tillhörde de populära eleverna. Då kunde hon bli mycket ledsen och förtvivlad av att bli mobbad på det viset och för att de inte såg henne som en medmänniska utan de såg bara till det yttre.

Hon brukade vid dessa tillfällen stanna till vid skogsdungen och be om hjälp och styrka att klara av dessa påhopp och det fick hon alltid. De sa till henne vid ett tillfälle att hon skulle försöka förstå deras okunnighet och brist på kärlek och deras brist på värdet av en människas inre egenskaper istället för det ytliga. De gav henne så mycket kärlek och inre styrka så att det ledsamma energierna försvann och de sa att hon skulle veta vem hon är och lära sig förstå att livet som en människa kan levas på så många olika sätt. Det var inte så lätt att förstå detta då men hon tänkte att hon en dag, kanske i vuxen ålder skulle förstå vem hon är.

En dag när hon fortfarande var en flicka, ännu inte i tonårs åldern när hennes mamma fortfarande fanns i livet fick hon ett varsel att hennes mamma skulle fortsätta sin vandring vidare till andevärlden vilket hon inte riktigt förstod då vad det innebar. Hon fick veta att hennes mamma skulle gå bort på ett tragiskt sätt och detta hände kort därefter. På grund av detta så blev inte chocken så stor för henne, hon visste redan att detta skulle ske men trots det så blev sorgen stor och det blev ett turbulent liv efter detta. Hon började få fler varsel efter denna händelse om vad som skulle ske så hon visste redan i förväg vad som var på gång så hon kunde förbereda sig på dessa händelser som var på väg.

Hon visste att hon kunde kontakta änglarna för omsorg och tröst när hon behövde det som mest. En tid efter hennes mors bortgång fick hon plötslig i hennes drömmar se att hennes mor befann sig hos änglarna. De hade tagit emot henne på ett mycket kärleksfull sätt och hon såg hennes mor som låg och vilade på något som såg ut som vita fluffiga moln och runt henne låg blommor av det mest vackraste slag hon någonsin sett, blommor som ej fanns att se i vår värld. När hon vaknat ur drömmen visste hon att hennes mor var omhändertagen och att hon befann sig där hon hörde hemma, bland änglarna.
Så magisk och underbar känsla för flickan!

Åren gick och hon växte upp och under den tiden kände och såg hon sin mammas energi och änglarna lite då och då. Hon kände sig trygg inför att veta att änglarna fanns i hennes närhet och att de visade sig när hon som mest behövde det.

Hon började mer och mer minnas dessa magiska möten hon haft med dessa varelser och hur mycket hjälp hon fått under åren. Hon visste alltid att när det var som jobbigast i livet av olika anledningar att det skulle ordna sig till det allra bästa goda för henne i slutändan. Hon behövde inte tänka på hur det skulle gå till utan hon skulle ha tillit och tilltro att hjälpen kom som var både lärorikt och insiktsfullt vad det än kunde vara som skedde.

Det kunde förstås vara mycket svårt ibland när ångesten och paniken slog till men hon lärde sig tänka att "inte fälla upp paraplyet innan det börjat regna" ett talesätt som symboliskt betydde för henne att inte oroa sig i onödan utan vänta in och se hur allt skulle ordna sig till slut och ta lärdom om det som hände och att framför allt ha tillit.

För mycket länge sedan när hon var yngre hände en episod som hon aldrig glömt. Hon var på väg till jobbet en tidig morgon. Hon körde på en mindre väg där det var djupa diken på båda sidorna av vägen, hon tog den vägen för det var oftast lite trafik där. Det hade regnat dagen före och under natten ganska ordentligt så de våta vägarna hade frusit och det hade bildats is på asfalten. Hon kände inte att det var halt för det gick inte att se att det var halt på vägen heller.

Efter att hon kört en stund framåt så såg hon en långtradare närma sig henne från det motsatta hållet så hon saktade ner och förberedde sig för att möta det stora ekipaget. Hon tänkte att det var ovanligt att det körde så stora lastbilar på denna väg. Precis innan de skulle mötas på vägen känner hon hur hon plötsligt får sladd på bilen trots att hon körde väldig sakta. Hon känner hur bilen glider på sned på vägen med förarsidan där hon sitter, mot långtradarens front.

Plötsligt precis under denna sekund som detta händer känner hon hur hon blir helt lugn, hon känner ingen rädsla, ingen panik bara en märkvärdig frid. Hon upplever allt som om hon flyger eller svävar över situationen. I ett kort ögonblick ser hon långtradarens enorma front och hon hinner se chaufförens skrämda ansiktsuttryck skymta förbi som i ultra rapid och hon känner fortfarande ingen rädsla eller panik. Tiden tycktes stå helt stilla i detta ögonblick för henne, det var som om hon visste att allt skulle ordna sig, hon hörde en röst som sa: Ha tillit du är beskyddad!

Plötsligt vaknar hon till och ser och känner att hon befinner sig i bilen som ligger med förarsidan i diket på hennes körfälts sida. Hon tänker att hur kunde hon ha hamnat där, hon hade ingen aning om hur detta gick till.

Hon började känna sig obekväm där hon satt så hon lossar på säkerhets bältet och försöker ta sig upp och ut ur bilen som fortfarande ligger på ena sidan. Då ser hon hur chauffören försöker öppna passagerardörren på hennes bil för att hjälpa henne upp och med hans hjälp lyckas hon komma ut ur bilen och hoppa ner och sedan stå stadigt på marken i diket om än på darriga ben. Hon är helt oskadd men en aning chockad över vad som hänt.

Chauffören är helt förskräckt och uppriven av chock och han upprepar flera gånger att han trodde att han skulle köra på henne för att det var svårt för honom att få stopp på det långa och tunga ekipaget och därmed riskera och orsaka en hemsk olycka. Han kunde inte förstå hur detta kunde ske, han sa att det hade inte gått att få ett pappersark mellan hennes bil och hans lastbil så nära var det.

Efter detta mindes hon inte hur hon sen kom hem för bilen låg där på förarsidan i diket så den gick inte att köra. Hon måste ha varit chockad över händelsen direkt efter men allt ordnade sig till slut, bilen blev bärgad och märkvärdigt var att bilen klarade sig utan några större fel, endast en liten intryckt buckla på förarsidan eftersom den hamnade i diket på den sidan. Hon måste ha landat väldigt mjukt i diket!

Hon själv klarade sig mycket bra, inga skador förutom chocken och hon insåg att detta berodde på att hon fick hjälp av änglarna som räddade henne i denna svåra stund. Hon var så tacksam för deras magiska ingripande och det skulle komma att ske flera händelser i hennes liv där änglarna kom till hennes räddning och hjälp.

Magiska mirakler sker när vi minst anar det, tänkte hon!

En annan händelse som skedde var vid ett tillfälle senare i hennes liv när hon och en annan vuxen och två barn åkte på semester till en annan ort där de skulle besöka några bekanta. Det var ganska långt för dem att åka så de tog flera pauser och fikade och åt av maten de packat ner inför färden. De två barnen tyckte det var så roligt och spännande med äventyret och att de fick se och uppleva så mycket under färden.

De hade åkt ganska långt så det var inte så långt kvar till dit de skulle. Det började skymma ute och det började regna ganska kraftigt så hon saktade ner farten för att inte råka ut för vattenplaning på vägen. Hon körde på en ganska smal väg med skogen alldeles intill vägen, det var stora tallar och granar i den skogen så det var ganska mörkt och dåligt med sikt åt sidorna. Barnen i baksätet började bli lite trötta på att sitta stilla och fastspända där bak och de började kivas och bråka med varandra med höga röster.

Då plötsligt helt utan förvarning så kände och hörde hon hur hon körde på något. Det blev en öronbedövande tystnad i bilen, ingen hade sett vad det var som hände, alla blev chockade över händelsen. Hon kände att det inte gick att styra eller bromsa bilen, det kändes som om en hand lyfte upp bilen och de glider eller flyger fram på vägen. Hon hinner tänka på änglarna och be om hjälp att klara av detta som sker och att de alla ska klara sig oskadda genom detta.

Även denna gång känner hon som om allt sker i ultra rapid och hon hinner också be skyddsänglarna att de skulle se till att barnen klarar sig utan skador och trauman inför deras framtid på grund av det som händer just då. Då plötsligt blir hon helt lugn och utan rädsla för hon kände att änglarna fanns med dom. En mycket magisk känsla.

Plötsligt kom hon till sans igen och bilen står nu stilla på vägen och hon ser att de befinner sig flera meter ifrån olycksplatsen. Hon ser sig om och ser att de står där det fanns en sjö på båda sidorna av vägen. Hon hann tänka att vilken tur att de inte hamnade i vattnet, det fanns hinder på båda sidorna av vägen som tur var, tänkte hon vidare!

Det var fortfarande alldeles tyst i bilen så hon ser sig om och ser att alla är oskadda, chockade men oskadda. Hon kliver ut ur bilen med stort besvär för det var svårt att få upp bildörren på förarsidan men lyckades till slut. Till sin förvåning ser hon att dörren på utsidan är något intryckt och nedsmetat med päls och blod, då förstod hon att de hade kört på en älg som hon inte sett när det hände.

Hon såg att en annan bil som kom från det motsatta hållet också hade kört på samma älg så djuret måste ha befunnit sig precis i mitten av vägen där de båda bilarna möttes. Hon gick fram till den andra bilen som befann sig ganska långt bort från hennes bil vilket förvånade henne en aning för hon visste inte att de hamnat så långt ifrån varandra. De som körde den andra bilen klarade sig också bra, de hade fått framrutan krossad men som tur var med lindriga skador på sig själva. Poliser och ambulans anlände men ingen behövde besöka sjukhus, alla var chockade men oskadda. Båda bilarna fick däremot stora skador så de gick inte att köra längre, de fick bärgas från platsen.

Allt detta slutade med att de bekanta de skulle besöka hämtade upp henne och barnen för det var ganska nära orten de skulle till. Senare när chocken lagt sig insåg hon att återigen kom änglarna till hjälp i ännu en svår händelse i hennes liv. Hon var så tacksam att änglarna vakade över henne och hennes nära och kära som satt i bilen.

En tid efter denna händelse mediterade hon på detta och fick bekräftelse på att änglarna hade kommit till undsättning. Hon tackade återigen änglarna för deras beskydd och hon bad också att älgen som förstås inte klarade sig att den skulle få bli omhändertagen och förd till den plats i djurhimlen som den tillhörde i det tillståndet djuret befann sig i efter att den blev påkörd. Änglarna sa:

Vi kom till dig och de dina för det ligger inte i din gudomliga plan för detta livet att skadas för du har mer att uträtta med din andliga utveckling på jorden denna gång. Djuret har välsignats och befinner sig i djurhimlen!

Det här var två händelser i hennes liv som hon inte ville uppleva mer och till dags datum när hon skriver ner denna berättelse hade det inte hänt igen vilket hon var så tacksam för. Hon sände ett stort tack till de magiska änglarna för deras beskydd.

Ibland hände det att det sprang vilda djur över vägen när hon kom körandes men det hände inget olyckligt som tur var för både henne och djuren. Hon mindes vid ett tillfälle när hon körde på väg hem efter att ha gjort några ärenden. Plötsligt kände hon att bilen började bete sig lite underligt, den började sakta ner farten utan att hon gjorde något med gaspedalen. Hon hann tänka att det var något fel med bilen, då plötsligt dyker det upp ett rådjur framför henne, den sprang blixtsnabbt framför bilen och försvann in i buskaget på den andra sidan av vägen.

Hon såg den inte förrän den befann sig framför henne vilket var konstigt tyckte hon för att hon brukade ha en bra vid vinkel syn när hon körde. Hon behövde inte ens bromsa, för rådjuret hade redan kommit undan till hennes glädje.

10

När hon kom hem satte hon sig ner i fåtöljen för att meditera på händelsen och under meditationen kontaktade hon änglarna för att fråga vad som egentligen hände. Änglarna sa:

Vi hjälpte dig att sakta ner så att det vackra djuret skulle hinna undan och rådjuret fick också en extra skjuts därför var den så snabb över vägen. Det var alltså inte fel på bilen som du trodde utan vi påverkade fordonets fart kontroller så att inget allvarligt skulle ske för både dig och djuret. Magiskt, tänkte hon!

Hon tänkte också ibland på att det ofta händer saker omkring oss människor som vi inte kan förklara och det handlar om hur vi tolkar dessa händelser som sker. Detta beror på vad vi har för insikter om det andliga eller om vi tolkar det som sker med logikens tankesätt. Det finns som hon berättat tidigare så många olika sätt att tolka händelserna, beroende på vad alla tror på och har insikter om.

Hon hade ibland djupa tankar och funderingar på allt som sker på jorden och det som sker med oss människor och om henne själv. Är vi människor under en andlig utvecklingsfas i livet här på jorden i dessa tider av turbulens och händelser som sker just nu och hur tolkar vi allt detta som sker, tänkte hon!? Hon visste att det som sker är viktigt för oss människor att förstå och lära oss av det som händer men trots det kunde det vara svårt för henne att förklara för andra människor om hennes egna funderingar om allt detta. Medan hon funderar på det här så känner och ser hon hur en ängel kommer till henne.

Ängeln frågade henne hur hon mår, även om ängeln redan visste det förstås men frågar ändå av en kärleksfull omtanke. Hon berättar för ängeln att hon känt sig orolig och fundersam över allt som händer med henne själv och oroligheterna på jorden.

Hon berättar också för ängeln att hon är fundersam över att blottlägga sig själv i och med att skriva ner det hon upplevt. Hon undrade om hon gjorde rätt i att berätta om hennes innersta tankar och åsikter och hon funderade på om andra människor skulle tro på dessa ord hon förmedlar i hennes böcker. Hon kunde få sådana oros tankar ibland vilket förstås är mänskligt.

Ängeln sa då att hon skulle ha tillit och att hon skulle släppa dessa tvivel på sig själv och också låta andra människor tro på vad de vill. De som inte tror på dina berättelser är naturligtvis berättigade att göra så, alla har sin egen upplevelse av det som sker på jorden och med sig själva, det finns inget rätt eller fel i detta. Känn kärlek och tilltro till dig själv så sprider du denna känsla genom att berätta dessa ord. Sprid ljuset och kärleken vidare genom att berätta din historia.

Hon jobbade vidare på att ha tillit och förståelse för att alla utvecklades andligt i vår egna takt vad som än händer på jorden. Under en tid i hennes liv kände hon av en mycket tung energi som gjorde henne nästintill helt orkeslös. Hon hade ingen ork att göra någonting alls, bara att ta sig till exempel från fåtöljen till ett annat rum blev en kraftansträngning. Denna känsla hade hon under perioden då det smittsamma viruset pågick på jorden. Hon hade inte själv blivit drabbad av viruset på grund av hennes försiktighet och det sunda förnuftet av att inte vistas där det var många människor i rörelse.

Denna känsla av trötthet och orkeslöshet kom sig av något annat som hon kände det som så hon bestämde sig för att kontakta änglarna i en meditation för att få upplysning om varför hon kände sig som hon gjorde. Då känner hon att Maria Magdalena kommer fram till henne som tillsammans med änglarna säger:

Det sker enormt mycket förändringar med er människor och med er planet jorden. Det är på gång ett energi skifte som påverkar många av er människor. En del av er ser och känner av detta som sker men har svårt att förstå varför det känns som det gör i era kroppar bland annat. Ni väcks upp ur denna dvala, kan vi kalla det för som ni befunnit er i under mycket lång tid.

Era kroppar och sinnen vaknar upp i det allra minsta cell och atom nivå. Det som sker är att det väcks upp impulser, minnen i era strängar som legat vilande inom er. Detta är något mycket stort, nödvändigt och behövande som sker med er som är redo för att öppnas upp. Det sker också makt skiften bland era styrande instanser och det skapas naturkatastrofer som sker på grund av ert beteende mot varandra och moder jord och detta får många av er människor att vakna upp. Ni ser också hur människor säger ifrån korruption och missnöje på många olika plan. Detta som sker är nödvändigt för människosläktet, det behövs en förändring av det ni gör mot varandra och er natur.

Denna energi påverkar många av er människor så till vidare att ni känner av bland annat en trötthet, en smärta i kroppen, en orkeslöshets känsla med mera. Detta är vad du känner av i hela ditt väsen och denna känsla av ett ringande i dina hörselgångar beror på frekvens höjningen du går igenom. Ni höjs i era energier och era livs energi centra stiger uppåt mot hjärtat och till en punkt ovanför era huvuden för att öppna upp era hjärtan för kärlek och det öppnar också upp ert djupseende och för upplysning och visdom. Det är då ni går upp i högre dimensions nivåer och får kontakt med det högre jaget inom er och visdomen och kunskapen om vad ni människor är och vad ni kan åstadkomma för varandra kommer upp till ytan i ljusets och kärlekens tecken. Det är så viktigt att ni följer denna utveckling för er fortsatta existens på jorden. Jag har talat! Maria Magdalena!

Så magiskt kloka och upplyftande ord från Maria Magdalena som uppstigit till änglarnas dimensionsnivå, tänkte hon!

Allt detta som blev sagt kände hon mycket väl igen, hon hade under en lång tid känt av dessa energier både i kroppen och runt i hennes energifält. Hon hade också haft ett otroligt ringande och tjutande ljud i hennes öron emellanåt och det slog lock för öronen. Detta berättade hon för sin omgivning om och då naturligtvis fick hon förklaringen att hon drabbats av tinnitus men hon visste att så var inte fallet. Hon fick budskap om detta i meditationen att det berodde på frekvens höjningen som pågick inom henne vilket hon redan anat.

En dag satt hon tillsammans med fina vänner vid en plats där de hade en sjö framför sig och skogen bakom sig. Platsen kändes så fridfull och lugnande. Vännerna satt och pratade om allt mellan himmel och jord och de fikade av det som de hade med sig och de kände sig så fulla av tacksamhets känslor av att få tillbringa en tid vid denna platsen i naturen.

Plötsligt kom det sex stycken änder simmande mot dem där de satt. Det var änder som nyligen lämnat sina föräldrar för att upptäcka livet som vuxna änder vid denna sjö. Efter en stund började alla sex änderna plaska omkring nära strand kanten, de dök ner i vattnet och flaxade med vingarna och de såg ut att ha riktigt roligt där de lekte med varandra. Efter att de lekt en stund tröttnade de på leken och sedan gick de upp på stranden och lade sig tätt intill varandra för att sova en stund och det alldeles i närheten där vännerna satt. Hon passade då på att fokusera på fåglarna och telepatiskt fråga om de hade något budskap till dem som satt där och då får hon detta till sig "Ni människor skulle behöva leka mer i livet, inte ta allt så allvarligt utan ha roligt och följa era hjärtan och era drömmar."

14

Mycket klokt och vist sagt tyckte hon! Hon tackade för budskapet och lät dem vila i stillsam frid med varandra!

Efter detta och efter att de suttit och njutit på platsen ett tag så tänkte de packa ihop och åka hemåt. Då kom en av vännerna på att de skulle meditera en stund innan hemfärden så det satte sig ner igen och började meditera.

I meditationen upplevde hon en enorm hjärtöppnings känsla inom henne. Plötsligt såg hon en stor portal framför sig och från denna portal kom det ett mycket starkt ljus som strålade mot henne och hon såg änglar komma ut ur denna strålande portal. Det var så vackert och kärleksfullt att se detta, hon blev alldeles överväldigad av kärlekskänslor som strålade rakt igenom hennes kropp och själ. Hon hörde änglarnas sång ljuda i en ton som gjorde att hennes hjärta vibrerade av kärlek. Änglarna sa:

Det har nu öppnats ännu en portal av energi för er på jorden och detta är för att vi ska kunna ge er den nya energin ni människor behöver för er hjärtöppnings skull. På detta sätt kan vi nu komma er närmare och få er att förstå vad ni behöver göra för att öppna upp er för den nya tiden som är på gång. Vi når er alla som är redo för denna förståelse för vad som är viktigt för er människor.

Vi tvingar ej oss på er denna energi utan de som är mottagliga kan ta emot detta med öppna hjärtan. Många av er känner av denna energi och tar emot den för er utvecklings skull. Denna portal kommer att vara öppen för all den tid ni behöver för att ta emot. Många portaler har öppnats för er människor och många portaler kommer att öppnas för er på jorden i framtiden, så som ni ser tiden men kom ihåg att all tid är NU!

Plötsligt ser hon något som ser ut som en kapsel av något slag, den var först stängd sedan öppnades den sakta. Det såg ut som två händer som var kupade mot varandra sedan öppnades händerna eller kapseln och ut ur denna kapsel kom det en mycket vacker färgglad energi som strålade så vackert.

Hon hörde änglarna säga:
Öppna upp er som denna symboliska kapsel och ta emot denna energi som hjälper er att växa i samklang med allt som Är!

Hon tog emot denna energi med öppna händer och förde sedan händerna mot hjärtat. Plötsligt förnimmer hon hur ett vatten väsen kommer upp ur sjön där de sitter och väsendet kommer emot henne med kupade händer fylld av renande vatten som består av glittrande energi. Väsendet häller detta vatten över hennes huvud för rening av auran. Sedan vaknar hon och hon känner sig så fylld av kärleksfull energi. Efter denna magiska meditation så förstod hon att de blev påminda av änglarna att meditera först innan de skulle åka hemåt. Magisk vägledning från dessa kärleksfulla varelser, tänkte hon!

Vi ett annat tillfälle besökte hon med sina vänner en gammal ny renoverad byggnad som de hyrde för en dag att vistas i. Det var enormt högt till taket som var kupol format och akustiken var fantastisk. De spelade olika instrument och de tonade och sjöng och musiken och deras röster ekade så magiskt vackert i byggnaden. De hade också olika ceremonier och meditationer tillsammans och det blev även en hel del skratt och glädje. En av meditationerna fick hon budskap från änglarna att hon skulle leda dem i och det var en variant av pyramid meditation som hon hade fått lära sig av att utföra från hennes allra högsta högre jag som är en del av oss som är den visa, kloka och kärleksfulla platsen vi alla har inom oss.

Meditationen började med att hon bad alla sitta ner i en cirkel och andas och slappna av. Hon fortsatte meditationen med att be deltagarna om att föreställa sig en pyramid framför sig.

Hon sa att de kunde skapa denna pyramid framför sig precis så som de ville att den skulle se ut. Den kunde bestå av renaste guld eller kristall eller vad som helst. Sedan skulle de hitta en öppning in till pyramiden och även den öppningen skulle de skapa själva och veta att fantasin har inga gränser och också veta att fantasin är en del av den sanning vi har inom oss och likaså vår skapar kraft, sa hon vidare i den vägledda meditationen. De skulle gå in genom den öppningen de skapat och gå fram till pyramidens mitt precis under spetsen av pyramiden. Där skulle de sätta sig ner och känna in den enorma energi som strålade i dess mitt.

Ordet pyramid betyder "eld i mitten" vilket är en enorm kraft precis som när vulkaner får sitt utbrott är en bra liknelse för att förstå kraften bakom detta, tyckte hon!

Nu skulle de föreställa sig och se änglar och se deras beskyddar ängel komma flygande fram till dem och just där och då skulle de be ängeln om hjälp med vad de än behövde hjälp med i deras liv. De skulle kommunicera om detta en stund och medan de gjorde detta så spelade hon på klang skålar med dess fantastiska toner som förstärktes i denna byggnad. När de var färdiga med kommunikationen skulle de gå ut ur pyramiden genom samma öppning de skapat och komma tillbaka igen med hjärtat fyllt av kärlek och budskap från deras skydds änglar.

En tid efter aktiviteten i den vackra byggnaden de besökte började hon känna av sin rygg, det smärtade ganska ordentligt. Det blev svårt för henne att både sitta, gå och ligga ner på grund av smärtan i den nedre delen av ryggen.

17

Hon visste inte just då varför hon hade känningar i ryggen men hon började sakta förstå och inse att detta berodde på utrensningar av eventuella negativa energier efter ceremonierna och meditationerna de utövade i byggnaden.

Detta var mycket välbehövligt och helande för dem alla. Hon själv hade bett änglarna om hjälp med att släppa på de energier hon inte längre behövde när hon ledde den pyramid meditation där och då. Smärtan pågick fram och tillbaka en tid men hon började så småningom känna sig bättre så hon bestämde sig en dag för att åka ut i naturen för att andas frisk luft. Hon funderade på vart hon skulle åka och då plötsligt får hon en förnimmelse av att en ängel visar sig får henne. Hon får se en inre bild av stora stenar som bildade en skepp sättning som den formen kallades för och en del sten rösen, denna plats kände hon inte igen. Hon hade besökt sådana platser tidigare med skepp sättningar och grav högar men detta var inte någon av de platser som hon besökt tidigare. Hon visste inte just då var denna plats fanns någonstans.

Ängeln som visade sig sa:
Besök denna platsen, den kommer att hjälpa dig med den rena energi som platsen besitter. Lyssna till platsens energi och ta in den, andas in den, den kommer att göra dig mycket gott i kropp och själ. Du kommer att få veta var den platsen finns i naturen.

I samma stund efter hon hörde detta budskap från ängeln ringde hennes telefon, det var en vän till henne som frågade om hon ville följa med till en plats där det fanns skepp sättningar med mera, en plats de inte besökt tidigare. Medan hennes vän berättade om denna plats som väninnan i sin tur fått tips om så kände hon mer och mer en stark dragning till platsen och hon började förstå att det var denna plats ängeln pratade om att hon skulle besöka så hon sa genast ja, dit ville hon!

Detta var en magisk och fantastisk synkronisering som hon upplevde just då, tänkte hon!

De kom till platsen som var en aning svår framkomlig och det fanns dåligt med parkering för bilen. De lyckades parkera nära vägkanten utan att hindra trafiken på den smala vägen. Det fanns heller ingen väg eller stig fram till platsen men de kunde på håll skymta stora höga stenar så de gick försiktigt framåt mot platsen. Hon hade kryckorna med sig för att underlätta för henne både på grund av utslitna knän och smärtan i ryggen. När de närmade sig platsen ser hon en stor virvel av energi snurra från marken och uppåt en bit, det kunde liknas som ett gråaktigt dis över platsen. Det strålade av ren energi som kändes så behaglig och renande att vistas vid. Hon tackade natur andarna på platsen och hon kände sig välsignad av att ha fått tillåtelse att besöka platsen.

De gick omkring där i den vackra naturen och andades in den rena energin. Det fanns inget negativt överhuvud taget där och inget skräp låg på marken vilket kändes unikt. De satte sig ner och mediterade bland allt det vackra som fanns i naturen och njöt av solen som gav dem värmande energi. Under hennes meditation fick hon kontakt med änglarna igen och de visade henne bilder av ett rågfält.

Änglarna sa:
Se det vackra stora fältet där det växer råg, se hur rågen försiktigt vajar på fältet med vindens hjälp. Föreställ dig att din ryggrad böjer sig fram och åter med din kropps rörelse. Minns att ha "råg i ryggen" och tro på dig själv och förringa dig ej inför andra människors åsikter och tro om dig.
Vi är alltid med dig!

Då förstod hon att det var precis det hon gjort i en tid. Hon hade inte haft mod eller styrka att stå upp för sig själv utan istället låtit sig själv att bli trampad på. Återigen fick hon insikter om sig själv om hur hon betedde sig mot sig själv ibland. Hon tackade sin skydds ängel för hjälpen som hon så ofta fick!

En tid efter denna händelse upplevde hon något magiskt. Hon var ute och promenerade vid en skog där det fanns fina stigar att vandra på vilket underlättade för henne på grund av besvären med hennes knän. När hon gått en stund på stigen bestämde hon sig för att sätta sig ner en stund och vila. Hon hittade en stor sten vid sidan av stigen, hon kände att den hade värmts upp av solens strålar så hon valde att sätta sig ner på den. Där satt hon och njöt av den friska luften och lyssnade till skogens ljud och andades in skogens alla dofter. Det kändes så upplyftande och behagligt för henne att sitta där och vila en stund samtidigt som hon blundade och bara andades in och ut för att fylla sig själv med ren energi.

Efter en stund bestämde hon sig för att gå vidare på stigen så hon öppnade ögonen och reste sig upp från stenen och då plötsligt ser hon att hon har en massa vita fjärilar flygande omkring sig. Det var verkligen en svärm av fjärilar, hon kunde känna vinddraget från alla dessa vingar som flaxade runt henne. I samma stund tänkte hon att det brukade sägas att en fjärils vingslag kunde sprida och förändra energier runt hela vår värld så hon bestämde sig för att med vingslagens och fjärilarnas hjälp sända ljus och kärlek världen över i detta hon upplevde just då. Hon hade aldrig upplevt så många fjärilar som svärmade runt henne tidigare, vilket var fantastiskt magiskt, tyckte hon!

Hon visste inte då vad det var för sort av fjärilar så när hon kom hem letade hon upp bilder på dessa vita fjärilar och hon såg att det var "kålfjärilar" som svärmade. Hon älskade alla fjärilar, hon tyckte att de var så vackra och hon tänkte att det var så magiskt med förvandlingen fjärilarna upplever, från en larv till dessa fantastiska vackra varelser med vingar som kunde förändra världen.

Något som hon också tyckte väldigt mycket om var blommor av olika slag och färger. Hon hade en favorit bland blommor och det var solrosor, dessa ståtliga höga blommor med dess vackra blomma som påminde om solen som strålade och i mitten där också alla frön fanns som också kom till nytta för fåglar och för insekter som fjärilar och humlor som drogs till blomman för att ta till sig av all nektar.

Blomman påminde henne om solskivorna som hon berättat om i den första boken där hon fick kanaliserat från det allra högsta högre jaget att dessa solskivor, dessa artefakter som det kallades för fanns gömda runt om på vår jord som var av utomjordiskt härkomst. Dessa solskivor var budskap till oss människor för att när vi hittat och lärt oss tolka tecknen som fanns på dom så skulle vi människor få förståelse för vilka vi är och varifrån vi ursprungligen kommer ifrån. Svårt att förstå, ja det kan det vara men varför skulle det inte kunna vara så, tänkte hon. Återigen har vi ett val att tro på vad vi vill och inte döma dem som förstår vad det kan handla om, likaledes inte döma dem som inte förstår! Magiskt!

Hon mindes en dag att för mycket länge sedan, vad gäller blommor hon nämnde om här, var när hon var ute och gick på en gågata i centrum i den stad hon bodde i på den tiden. Det var vackert väder så hon strosade omkring på platsen och njöt av solen som värmde både kropp och själ.

Hon gick efter kanten av en stor byggnad där det var planterat vackra blommor i rabatten, blommor som lyste i olika färger ikapp med solens värmande strålar, det var så vackert att se, tyckte hon då! Lite längre fram ser hon en äldre kvinna stå framåtböjd över rabatten, den äldre kvinnan vidrörde försiktigt blommorna samtidigt som kvinnan pratade med dessa växter.

Hon blev väldigt nyfiken på denna äldre kvinna för att det fanns en lyster och en utstrålning som kom från denna människa som var ovanligt att se, tänkte hon samtidigt som hon närmade sig kvinnan. Hon fick en sån oemotståndlig känsla av att stanna och prata med den äldre kvinnan. Så hon stannar till bredvid den äldre kvinnan och säger hej till henne och då tittar den äldre kvinnan upp på henne med ögon som lyste av en enorm kärleksfull blick och hon hann tänka och se att detta var inte en gammal kvinnas ögon som såg på henne.

Den äldre kvinnan sa:
Se på dessa vackra växter och varelser som finns runt omkring oss att njuta av. Se dessa levande väsen med kärleksfulla ögon och vet att allt detta är lika levande som du är med all dess prakt. Titta riktigt noga med alla dina sinnen så kommer du att se så mycket mer än vad du någonsin trott existerar. Sedan tog kvinnan hennes hand och ledde den till en av dessa vackra blommor som växte där och plötsligt när hon rör vid blomman ser hon något som ser ut som små glittrande varelser som hon kallade energin hon såg, för hon hade inget namn på vad det var hon såg just då. Hon blev så överraskad av att se detta för hon hade inte sett denna energi runt blommor tidigare även om hon visste att alla växter var levande på många plan men att få se detta gjorde henne så lycklig. Plötsligt började den äldre kvinnan att gå därifrån utan ett ord, hon gick med spänstiga ben bortåt vilket inte var vad hon förväntade sig av en gammal kvinna.

Snart försvann kvinnan runt hörnet på byggnaden och kvar stod hon och funderade på vad det var som egentligen hände, vem och vad var denna äldre kvinna hon nyss haft ett möte med!? Förundrad satte hon sig ner på en bänk som fanns i närheten för att stilla sig och försöka få svar inom sig om det som skedde nyss. Plötsligt får hon svaret, det var en förklädd ängel som hon hade haft ett möte med.

Hon fick också veta att detta sker när människor är redo för att se och uppleva dessa möten med uppstigna andliga varelser. Hon började då också att minnas hennes möten med änglar som barn som då oftast visade sig för henne som kärleksfulla varelser som hon på den tiden trodde var snälla människor som hon mötte när hon som bäst behövde det. Hon mindes att hon kallade dem för änglar och hur rätt hade hon om det, tänkte hon! En underbar och magisk insikt!

När hon själv var äldre träffades en del av hennes vänner på olika ställen i naturen för att umgås vid dessa energifyllda platser. De hade fika med sig och de gjorde olika ceremonier och meditationer tillsammans och det blev mycket kärlek och glädje dessa stunder. De hade vid ett tillfälle bestämt ett datum för att träffas vid ett natur område där det fanns bänkar att sitta på och en eldstad iordninggjort för människor som besökte platsen. Dagarna före detta datum regnade och blåste det rejält, detta var på höstkanten så vädret kunde vara omväxlande både varmt och kallt och soligt och molnigt ett typiskt höst väder. Natten före regnade och blåste det så kraftigt att de inte trodde att träffen skulle bli av denna gång. Trots det bestämde sig hon och några av vännerna att ändå åka dit. Hon tänkte att tilliten styrde henne till detta beslut och så riktigt och sant det blev. Dagen började med att solen visade sig i all sin prakt efter ovädret och när de befann sig på platsen var det helt vindstilla, inte ett löv darrade på träden.

Det kändes så magiskt som om de befann sig i stormens öga där det sägs vara helt lugnt och stilla. Hon förundrades av hur allt kunde vara så stilla, så stillsamt och lugnt, hon kunde känna och höra sin egen andhämtning. Det kändes mycket märkligt som om de befanns sig i en annan värld, en annan dimension just där och då! Magiskt!

De började sedan med att tända en brasa i eldstaden, det fanns ved tillgängligt på platsen att använda sig av. Det blev så mysigt med elden som sprakade och som värmde dem ikapp med solens strålar denna vackra höstdag. Efter en stund av både glädjefullt och allvarligt prat om saker och ting som händer i var och ens liv och det som sker världen över så kände hon denna yrsel som så många gånger tidigare. Hon förstod att det var någon som ville förmedla ett budskap från högre dimensions nivå så hon tog fram papper och penna för att skriva ner det som skulle komma fram. Hon använde sig ofta av automatisk skrift där budskapen skrivs ner genom henne vilket sker snabbt och utan att hon vet vad som ska skrivas, därav ordet automatisk skrift. Under tiden som texten skrivs ner så befinner hon sig i ett trance liknande tillstånd. Efteråt läste hon upp budskapet för vännerna:

Nu är ännu en höst kommen hos er på moder jord!
Det är en tid av förändringar på många plan för er!
Släpp på det som varit och vila i ännu en tid av förändring!
Vila och förundras av det som skett med er!
Se och känn förändringen som sker inom er!
Se höstens vackra färger runt er på moder jord!
Se hur trädens löv sakta släpper taget om det som varit!
Ta fram den kärleksfulla förändringen hos er som är mycket viktig för er utvecklings skull!
Kom ihåg att ni är alla under en uppstignings process av era energikroppar och själar!

Njut av höstens krafter och vila i denna kraft som är er till gagn för er utveckling!

Ni vänder ett nytt blad i livets bok med ny energi precis som naturen vänder till något nytt under varje årstid på jorden!

Vi är de varelser som ni känner till som Änglar!

Hon tackade så hjärtligt änglarna för detta kärleksfulla budskap som hon förstod vad det handlade om!

De satt en stund stilla och tysta för att ta in dessa ord från änglarna och njöt av budskapet de fått. Hon såg sig omkring där de satt och det var fortfarande mycket vindstilla och det kändes så lugnt och behagligt att bara finnas till.

Efter denna stund av vila och stillhet ville en av vännerna göra en ceremoni för moder jord vilket alla tyckte var en underbar ide. De skulle skriva några ord på ett papper vad de önskade för moder jords välbefinnande och det papperet skulle de gräva ner under marken, under mossa eller någon sten eller liknande. Det viktiga var att att det skulle ligga under någonting så det inte syntes på ytan. De skulle känna in på vilken plats i naturen de skulle lägga ner texten. Tilläggas ska att det papper de skrev på var ett mycket tunt papper som skulle absorberas in i myllan och som inte var skadligt för jorden.

De mediterade på detta en stund vad de ville skriva ner och vad de hade för önskningar för moder jord. Dessa ord skrev hon ner på den lilla remsan av tunt papper:

Jag önskar helande energier till dig vår moder jord, vårt hem! Moder jord, jag älskar dig, mina önskningar är att bevara, sköta om och njuta av dig! Tack till dig älskade moder jord för allt du ger oss människor, vår vackra natur och alla dina levande väsen på och i vår planet, moder jord!

Sedan gick hon till den plats som hon redan visste att där skulle hennes budskap till moder jord ligga för att innan hennes vän kom med förslaget om denna ceremoni så hade hon sneglat flera gånger mot denna plats, nu förstod hon varför hon drogs just dit. Hon lyfte på mossan som växte precis nedanför en stor sten och lade remsan med hennes ord där och sedan lade hon tillbaka mossan precis som det låg innan.

Hon tänkte ofta på hur uppiggande och glädjefullt det var att genomgå dessa ceremonier hon och vännerna utförde i naturen tillsammans. Det gjorde så gott för både dem själva och för moder jord att med goda intentioner hjälpa till där det behövdes med kärleksfulla energier och hon fick ofta bekräftelse från högre mästare från högre dimensioner och från naturens varelser att det togs emot med öppna hjärtan.

En annan ceremoni hon utförde tillsammans med vännerna var en dag när hon hade med sig varsin ädelsten, en svart onyx som hon delade med sig av. Färgen svart innehåller alla färger som kan var mycket magiskt och vackert beroende på hur vi ser på detta. Den svarta onyxens egenskaper är bland annat att den befrämjar andlig inspiration och den kan ge kontroll över känslor och den hjälper oss att se saker i våra liv i ett större perspektiv vilket kan vara bra för oss människors andliga uppvaknande och förståelse för vad som sker med och omkring oss. De skulle ladda denna ädelsten med vad var och en kände att de behövde för sig själva och för naturen.

Det var en kall men solig höstdag så de satte sig i skogen vid en glänta där solens strålar värmde och gav dem energi. Innan de satte sig i skogsgläntan öste de upp lite vatten ur sjön som fanns på platsen i en bägare som en av dem hade med sig. De skulle på detta viset sända helande energier och de önskningar de ville skulle ske med dem själva och till vattnet.

I meditationen höll de stenen i handen först och sände den energi de önskade till ädelstenen och sedan lade de stenarna i vattnet från sjön i bägaren där den helande energin spred sig. De visste vilken sten som var deras på grund av stenens form och storlek. I meditationen spelade hon på en av hennes klangskålar som hon hade med sig denna gång. Hon hade klangskålen på ena knäet och ädelstenen i den andra öppna handen så att solens strålar skulle ge extra energi samtidigt som hon sände helande tankar till stenen som skulle hjälpa både henne själv och till vattnet i bägaren. När de var färdiga med detta plockade de upp sina egna stenar ur bägaren och sedan hällde de tillbaka vattnet i sjön för att sprida den helande energin de skapat över hela sjön.

Under meditationen såg och hörde hon hur små naturväsen omringade dem på platsen de satt vid. De förmedlade till henne att de tyckte om ljudet från klangskålen. Hon fick också en förnimmelse av att hon skulle lägga klangskålen på marken så hon lade den på en mjuk mossa och spelade på den där istället för på hennes ena knä. Hon fick då höra att vibrationen från klangskålen gjorde mycket gott till jorden, den spred sig över ett stort område och det tyckte de små mycket om. Hon kände också närvaron av hennes skydds ängel som stod bakom henne med sina skyddande vingar om henne. Så magiskt kärleksfullt!

Ännu ett av deras möten i naturen var vid ett natur område där det fanns en mycket gammal skepp sättning, som det kallades för, det bestod av stenar som var placerade på marken i form av ett skepp. Hon kunde genast känna av en energi på platsen så hon blev mycket nyfiken på vad eller vem det kunde vara som ville visa sig och berätta om denna plats. De började med att hälsa platsens energi med goda intentioner och bad om tillåtelse att få befinna sig på denna heliga plats.

Sedan satte de sig ner på några stenar och började meditera. Hon stillade sig och efter en stund förnimmer hon en man som kom fram till henne. Han såg ut att bära medeltida kläder som hon uppfattade det som och runt höften hängde en yxa av något slag som hon inte riktigt såg vad det bestod av för material men hon förstod att det var ett redskap för hans arbete på den boning som han skötte om. Hon välkomnade honom och han började berätta att han, som hon uppfattade det som, att han hette Aughir. Han fortsatte att berätta att hans familj bodde på platsen tillsammans med andra i denna by på runt elvahundra- talet som hon uppfattade det som.

De livnärde sig på att odla sin mat på ängarna och de jagade småvilt och fiskade i sjön som fanns i närheten. Deras sed var att offra en del av grödorna till denna skepp sättning till gudarna för bra sådd och för deras livs uppehälle. Denna plats var helig för dem och de var tacksamma för att sådana platser som denna, att människorna i framtiden bevarade och respekterade och har förståelse för hur viktiga det var för dem på deras tid. Sedan försvann han och hon kom tillbaka igen till nuet. Hon tackade honom och hon lovade att alltid respektera dessa heliga platser vilket hon alltid har gjort och kommer att alltid göra.

De avslutade stunden med att offra örter och helande energier till platsen och till de människor som bodde där för så länge sedan. De strödde även örterna innanför skepp sättningen som ett tack för vistelsen de haft på platsen och hon tackade ännu en gång för denna information hon fått om platsen. Den platsen, den mindre staden som de befann sig vid hade anor från långt tillbaka i tiden och hon fick veta att det hade funnits en sjö i närheten men att denna sjö nu fanns längre bort genom att naturen förändras med tiden och att det inte riktigt såg ut nu på samma sätt som då.

Hon fick också veta att det fanns ättlingar i denna stad från långt tillbaka i tiden och att i denna stad fanns fornminnen som bevisade detta. Medan de gick från platsen kände hon hennes skydds ängel bredvid sig som gav henne en sådan kärleksfull bekräftelse på att hon ännu en gång gjorde det som kändes rätt i hennes hjärta. Hon tackade ängeln för all den bekräftelse och hjälp hon alltid fick när hon behövde det som mest.
Magiskt och kärleksfullt!

Ibland hade hon en del funderingar och tankar om hur det är i livet och hur det ser ut i hennes liv och hur det ser ut världen över. Det skedde så mycket tragiska händelser som pandemin som pågick på jorden i detta nu och alla olyckshändelser som hon tyckte att det blev mer och mer utav. Hon tänkte också på hur allt förändrades hos oss människor från klimatet, politiken och hur stressade människor var på grund av denna förändring. Hon visste att förändringar behövdes i vår värld och hon förstod också att det behövde bli värre innan det blir bättre för oss människor att få leva i samförstånd, kärlek och balans på jorden.

Det kunde vara tungt ibland för henne att känna av de tunga negativa energierna som spred sig på vår jord. Naturligtvis kände hon också av de positiva energierna som spred sig tack vare alla dessa människor som arbetade för det goda i livet. Hon kunde trots det inte blunda för verkligheten och tro att inget negativt sker för det visste hon att det är precis vad som sker just nu.

För det mesta var hon kärleksfullt positiv och hade ett öppet hjärta för harmonins och balansens skull som är den känsla hon hoppades skulle vakna upp hos oss alla på jorden och det kan ingen ta ifrån henne.

Det pågick mycket arbete för klimatet i denna tid av jordens upplysning och förändring. Många styrande instanser och andra människor höjde sina röster för klimatets skull och detta gjorde henne så glad att så många såg hur klimatet hos oss på jorden utarmades av alla giftiga utsläpp från fabriker och liknande och all nedskräpning på vår jord och våra hav, tänkte hon! Hon och många med henne ansåg att de verkligen behövde göras något och det NU innan det är för sent.

Alla kan göra något, både stort som smått för att hjälpa till som till exempel att plocka upp skräp efter sig och tänka på att inte slänga skräpet i naturen utan istället ta det med sig och slänga det i papperskorgar eller i soprummen som finns överallt där människor bor. Detta gjorde hon alltid när hon själv var ute i naturen, så enkelt det är att hålla rent, tänkte hon!

Många gånger i dessa stunder av tankar och funderingar kunde hon känna av en närvaro som gjorde att hon blev yr och känslan av avslappning rann ner genom kroppen från huvudet och ända ner till fötterna, så ock denna gång! Hon visste då att någon, något från högre dimensioner ville förmedla budskap till henne så hon lät det ske även denna gång. I just denna stund kunde hon känna hur varma händer lades på hennes axlar och hon kände hur en tyngd lyftes från henne och hennes högra arm och hand började vibrera. Detta betydde att hon skulle få budskap genom automatisk skrift.

Detta blev skrivet:
Var hälsad mitt barn! Jag ser och hör dig! Jag ser och hör dina tankar och funderingar! Jag ser och känner hur dessa tankar tynger ner dig! Kom ihåg att allt du gör för människor och för dig själv är kommen från ditt innersta, själsliga varandet, det som är du där kärlek råder. Det är den del av dig som är det kärleksfulla och rena.

Alla människor har en del av sig själv där det råder ljus och kärlek. Alla kan lära sig ha kontakt med denna del av sig själv. Människor behöver förstå och lära sig av att lyssna inåt, det är då ni förstår vad kärlek är. Ni behöver förstå er inneboende kraft. Vi vet att ni människor har svårt att förstå detta, ni brukar tänka att det inte är så lätt men om ni visste vilka ni är och vad som finns i era hjärtan så är det faktiskt lättare än ni tror. Det är denna inneboende kärlekskraft ni har glömt sedan lång tid tillbaka men den finns där, alltid!

Ni söker balans, vad är då balans!? För att uppleva det onda så förstår ni vad det goda är! För att uppleva det goda så förstår ni vad det onda är! Genom denna förståelse har ni den fria viljan att känna vilket av detta ni vill känna och vara. En del av er har fokuserat på det onda och agerar efter den känslan och andra har fokuserat på det goda och lever för detta. Inget hos er människor är enbart ont eller gott. Vad är då verkligheten i detta? Det ni fokuserar på är den verklighet ni känner av för stunden men är det sant det som ni känner och tänker om er själva. Den sanna verklighet är något som ni glömt och tappat bort på grund av att ni människor har blivit skrämda och manipulerade från de krafter som vill styra er till lydnad, kan ni förstå det? Det finns en verklighets energi, kan vi kalla det för, den finns inom er att ta in om ni fokuserar på det.

Ta in den genom er kronchakra som befinner sig ovanför era huvuden, ta in den energin till hjärtats kärleksfulla varande och känn in den energin, den dimensions energi som är Du! Du är den verkliga kärleksfulla varelse som är skapad att vara fylld av kärlek, balans och harmoni, det är den verklighet som är inneboende i ditt väsen! För att sammanfatta detta mycket kort så är balans en verklighets känsla där du varken är det ena eller det andra, varken ond eller god, du bara Är!

Det är nya tider för er människor, ni är många som vaknat och förstår vad som sker på jorden. Det är många förändringar på gång och varje förändring ni går igenom gör att grunden ni står på skakas om en aning och ni tappar fotfästet i livet. Dessa förändringar som sker är nödvändigt för er uppvaknandets skull för er människor. Låt er ej påverkas av alla osanningar ni blir matade med och som sprids över hela er värld. Gå in i hjärtat och vet att ni kan stå emot de tunga krafter som pågår.

Rensa ditt system och släpp taget om känslorna som tynger er, släpp in en ny kärleksfull energi. Städa ditt inre, städa ur i ditt hem som vi sett dig göra under en period nu. Gör er av med det som ni inte längre behöver både fysiskt och psykiskt. Lär er av naturen som under hösten släpper det som varit och som lägger sig till ro och vila under en tid för att sedan öppna upp sig igen och börja gro och växa med en ny energi.

Det som sker är ett nytt sätt att tänka, det blir nya och stora förändringar, ny förståelse, nya insikter, nya hjärtöppningar och kom ihåg att kärleken till er själva och till andra människor och er moder jord består och finns alltid! Det som är gammalt kommer ej tillbaka, se på ditt liv med nya ögon!

Känn tacksamhet till livet som är och för den du är!
Följ ditt hjärtas röst och vet att du kan förändras till det som är ditt rätta Jag, för er alla människor på jorden för er levnads och harmonins skull!
Tro på dig själv som den människa som kan och vill förändras för kärlekens skull!
Vad väljer du att känna och tro på!?

Budskap från universums ljusvarelser som vill hjälpa jordens befolkning!

Hon tyckte att detta var mycket kloka och visa ord från våra hjälpare från universums olika existenser. Hon hade alltid på känn att vi människor är styrda av de starka krafter från de som sitter på sina höga stolar och ser ner på oss och som anser att vi inte ska få bestämma över våra egna liv. Hon visste att många människor förstått och kommit till insikt om vad som sker och på olika sätt gör något åt detta vilket hon kände en sån stark beundran och kärlek till. Denna tid på jorden var verkligen en förändringarnas tid för oss på jorden.

Hon levde sitt liv så som hon ville och följde sitt hjärta och sin andliga utveckling till förståelse och öppenhet för vad som sker hos oss människor. Många av oss kan göra något genom att visa empati, kärlek, förståelse och icke dömande för varandra på livets väg i detta nu, tänkte hon!

Hon fortsatte att vara i naturen som gav så mycket energi och som gjorde henne glad och harmonisk. Hon träffade sina goda vänner mestadels utomhus på grund av pandemin som fortfarande spred sig under året tvåtusen tjugotvå talet. Hon mediterade en del och fick då många gånger information om sig själv och vad som behövdes för att utvecklas och vara den kärleksfulla icke dömande människa hon alltid varit och är.

Vid ett av dessa tillfällen när hon mediterade kände hon hur hon släppte kroppen och for iväg till en annan dimension, vilket kunde hända emellanåt. I detta tillstånd kunde hon få information och vägledning när hon som mest behövde det. Denna gång började hon få minnen från något som hände när hon var barn, runt sju åtta års åldern. Minnena kom tillbaka från den tiden när hon upplevde att hon ibland liksom försvann och att hon befann sig på platser där hon upplevde mycket kärlek och omhändertagande.

Hon mindes att under hennes barndom svimmade hon ofta och vaknade upp under de mest pinsammaste situationer ibland. Ingen visste vad detta berodde på, hon blev ofta undersökt av läkare som inte heller kunde förstå eller sätta någon diagnos på henne varför hon tappade medvetandet ibland.

Hon började minnas en del av dessa gånger när det hände till exempel en gång när hon satt vid skolbänken och kände plötsligt en yrsel och i nästa stund vaknade hon av att hon låg på golvet i skolsalen och att hennes lärare och en del av eleverna stod runt henne och de såg chockade ut och undrade över vad som hänt. Hon hade ingen tidsperspektiv av händelsen, hon visste inte hur lång tid hon var medvetslös. Hon blev hemskickad utan några åtgärder vilket så här efteråt kändes märkligt, tänkte hon.

Nu i vuxen ålder mindes hon vad hon upplevde när hon var medvetslös då. Hon mindes en helt underbar, kärleksfull känsla av att befinna sig i en annan värld där det var behagligt varmt och ett glittrande av ett vackert ljus, hon såg en ängel som höll henne i sin famn som gav henne kärlek och tröst. Ängeln sa:

Du kan inte stanna här, du måste tillbaka, du har en plan för detta liv som du ska genomföra, vi skyddar och följer dig, alltid! Detta mindes hon inget av då det hände, förmodligen var det inte meningen för att som barn kanske hon inte kunnat hantera detta. Hon blev nu som vuxen glad att få minnas detta.

Hon var ofta hos läkare, som sagt, för att bli undersökt varför hon svimmade så många gånger under barndomen. Hon mindes vid ett tillfälle när hon låg på ett av sjukhusets britsar och blev undersökt. Plötsligt kände hon att hon svävade upp mot taket i undersöknings rummet de befann sig i.

Hon såg från den position hon befann sig svävande över alla som var närvarande i rummet hur läkaren och två sjuksystrar stod böjda över henne. De såg ut att frenetiskt undersöka henne som om de inte visste vad som hände med henne. Hon kände en sån lugn och behaglig känsla av att vara viktlös, det fanns ingen smärta, inga bekymmer bara ett kärleksfullt varande.

Plötsligt ser hon en ängel bredvid sig som lägger sin ena arm över hennes axlar och hon hör orden: Du måste tillbaka till kroppen, tids nog kommer du att minnas denna händelse när du är vuxen men inte i detta nu. Vi finns med dig, alltid!
Efter detta känner hon hur hon dras ner tillbaka till kroppen blixtsnabbt och hon vaknar med en enorm smärta att behöva vara i en kropp igen. Hon minns att hon stönade och vred sig i plågor när hon vaknade upp, så smärtsamt och jobbigt var det.

Läkaren och sjuksystrarna fick hålla i henne tills hon blev lugn igen. Just då när detta hände hade hon inget minne av en ängel som hjälpte henne tillbaka och tur var väl det, tänkte hon. Det skulle hon inte kunnat hantera eller förstå som barn men idag i vuxen ålder förstod hon vad som hände och hon var så tacksam för ängeln som hjälpte henne tillbaka återigen. Naturligtvis berättade hon inte vad som hänt henne för vem skulle tro på henne om hon sagt att hon svävade under taket och tittade ner.

Detta hände henne ännu en gång i vuxen ålder. Hon tog sig en vilopaus i sängen mitt på dagen i sitt hem. Hon somnade in en stund och plötsligt vaknade hon till och slår upp ögonen då ser hon något vitt över henne cirka en decimeter ovanför hennes ansikte. Hon blev så fundersam över vad det var hon såg så nära ansiktet så hon vrider på huvudet och ser gardinstångens övre del i fönstret i rummet. Återigen kände hon sig viktlös, lugn men fundersam över vad som händer henne.

Plötsligt hör hon hur någon ropar på henne och då i samma stund börjar hon liksom ett löv som faller till marken att dala nedåt sakta sidledes fram och tillbaka tills hon vaknade upp i kroppen som låg i sängen. Denna gång kände hon en något mindre smärta och obehag att vara tillbaka i kroppen igen.

När hon kom till sans igen så inser hon att hon hade en utom kroppslig upplevelse igen och det som väckte henne var att ett av hennes barn ropade på henne och sa att hon hade ett telefon samtal. Det var en av hennes vänner som ringde så hon berättade detta för sin vän med andan i halsen över vad som hon upplevt. Hon tänkte och undrade efteråt vad som skulle ha kunnat hända om inte telefon hade ringt. Så magiskt!

Hon fortsatte att leva i andlighetens tecken och hon började förstå hennes förmågor som utvecklades mer och mer vartefter åren gick. En dag pratade hon med en vän i telefon, hennes vän berättade om hästarna hon hade som hon kommunicerade med. Hennes vän fick så kloka och visa svar från hästarna som gav henne bland annat budskap om hur livet såg ut för dessa vackra djur. Plötsligt började hon känna som om hon hamnade i något sorts trans tillstånd medan hon lyssnade på vännens berättelse.

Hon ser och hör plötsligt hur hennes egen katt som befann sig i katt himlen sedan lång tid tillbaka komma igenom. Katten sa att han ville berätta för henne om hur det var att vara ett kattdjur och hur de såg på oss människor. Hon berättade detta för hennes vän i telefon. Hennes vän kände också av att energin förändrades.

Hon hade anat under en tid att hennes katt ville förmedla något till henne men hon hade av olika anledningar inte varit riktigt mottaglig för detta. Hon hade sett katten besöka henne i hemmet vilket hände ofta.

Hon hade också sett ett starkt vitt ljus snabbt fara fram över golvet en kväll när hon satt i fåtöljen. Hon försökte då förstå vad det var hon såg men lyckades inte riktigt men hon tänkte att svaret på det kommer så småningom vad det var hon såg. Samtalet med hennes vän som berättade om kommunikationen med hennes hästar triggade igång henne och katten att öppna upp sig för en kommunikation med varandra. Detta blev sagt:

Nu äntligen uppmärksammar du mig. Du har sett mig som en skugga som far över golvet i ditt hem. Du har också sett ett vitt ljus som for fram i en dörröppning för en tid sedan. Du visste inte vad det var du såg då men jag kan nu berätta att det var mig du såg i min renaste essens av energi som är jag i den dimensionen jag befinner mig i nu. Vi djur utvecklas vidare i ande världen när vi gått över efter vår jordiska existens precis som ni människor.

Jag har försökt nå dig för att berätta för dig vad och vilka vi katter är. Du har gått igenom en turbulent tid i en period i ditt liv, detta är för att du har ändrat din energi och utvecklats för att förstå dig själv som människa och som någon av er människor sa, det gör ont när knoppar brister. Du har känt dig som i en bubbla ett tag men nu har bubblan brustit och du har kommit ut med stora förändringar inom dig och fått insikter om dig själv som människa.

Jag kom till dig för att berätta om oss katter och hur vi tänker om er som människor. Vi katter har en mycket stor egen vilja, det är vi som bestämmer hur vi vill ha det och vilka människor vi vill vara med. Jag valde dig när jag var en liten kattunge. Det är detta vi gör när vi kommer till er människor, tro inget annat, det är vi som väljer. Det är vi som styr över hemmet vi kommer till om ni så vill tro på det eller inte så är det precis så det är.

Vi visar vårt missnöje på olika sätt med att absolut inte lyda, vi visar det med att resa ragg och kröka våra ryggar så att vi ser större ut. Vi är stora fria själar som ej går att styra till något vi inte vill. Detta gör vi inte för att vara elaka utan detta är vårt sätt att visa att vi vet vilka vi är, starka och stolta över vår ras. Är ni stolta över er, människorasen!?

Vi visar också när vi är nöjda och tillfreds med er människor, vi visar när vi vill ha maten serverad. När jag ville ha mat till exempel så minns du att jag ställde mig framför dina fötter så att du nästan snubblade över mig och du visste att när du kokade fisk så stod jag vid dina fötter, det var min favorit mat därför kokade du extra mycket fisk. Detta lärde jag dig mycket bra. När jag ville ha uppmärksamhet och ville bli klappad så lade jag mig över tangentbordet när du satt vid datorn till exempel tills du gav upp och ägnade dig åt mig istället. När du satt i fåtöljen så trängde jag mig ner och visade att jag antingen ville känna din närhet eller så gjorde jag så för att jag ville ha platsen för mig själv.

Detta gör vi katter för vi värderar oss själva på ett bra sätt, vi vet vad vi är värda. Detta skulle ni människor också förstå att värdera er på ett kärleksfullt sätt och inte förakta varandra. Vår vilja och frihets känsla är stark men vi tycker också om att bli ompysslade när ni människor visar kärlek till oss. Det är då vi ger er kärlek tillbaka, det är då vi använder oss av kurrandet, som ni kallar det, vi spinner av välbehag.

Det finns förstås en del av er människor som inte vill ha med oss att göra och det känner vi av, det är då instinkten slår till och vi svarar på detta med att göra utfall och visar klorna och fräsa. Om ni har upplevt detta från oss så vet ni hur det känns och det handlar fortfarande inte om att vara elak utan vi visar att vi kan säga ifrån.

Vi speglar det som ni känner för oss katter, vi protesterar på vårt sätt över att bli illa behandlade. Som sagt, vi har en stark överlevnads och försvars instinkt som kommer igenom. Vi klarar mycket bra av att ta hand om oss själva när vi blir övergivna av människor, mycket bättre än ni människor förstår och tror. Vi har en stor jakt instinkt som tar över om vi lämnas ensamma utomhus under långa perioder men detta är förstås inte vad vi föredrar för vi vill gärna bli omhändertagna med kärlek och respekt från er människor.

Jag ger er ett exempel för att visa hur självständiga vi katter är med denna fråga: Har ni människor sett oss katter bli vallade och styrda så som vallhundar gör med fåren? Det kan jag säga att det går inte, vi är inte flockdjur på det sättet som fåren är och en del andra djur och med det sagt absolut inget ont om dessa flockdjur. Vi katter är egensinniga och vet vårt värde, vi tillåter inget annat djur eller människa styra över oss. Men vi älskar människorna som tar hand om oss så som vi vill att de ska ta hand om oss. Så, vem av oss, katterna eller människorna tar hand om vem!?

Hon kunde inte låta bli att le stort över kattens information för hon kände verkligen igen beteendet och hans sätt att visa vad han ville i olika situationer. Hon hade haft, eller kanske hon skulle säga med ett leende, att flera katter hade ägt henne tidigare som betedde sig på liknande sätt. Hon tyckte om alla djur men katter var hennes favorit husdjur just på grund av deras självständighet och deras sätt att visa vad de ville och deras charmiga sätt att vara. Hon tyckte också att det var så intressant att kommunicera med husdjuren och få veta vad de tänker och känner. Hon kunde också kommunicera med vilda djur men inte alltid så lätt för att vilda djur har en ännu starkare instinkt som de följer. Vilda djur är inte indoktrinerade från människor på samma sätt som tamdjuren.

Hon hade en dröm en tid efter kommunikationen med hennes katt och budskapet hon fick från de universella ljusvarelserna som vill hjälpa oss människor att utvecklas. Hon drömde att hon flyttade till en annan lägenhet i en annan ort som hon bott i tidigare. Hon gick runt i lägenheten och tittade sig omkring och planerade hur hon skulle möblera. I drömmen upptäckte hon snart att det var väldigt trångt i lägenheten, hon kände sig en aning inklämd på något vis. Hon tänkte i drömmen att hur skulle hon få plats med allt hon hade i möbelväg. Hon drömde att hon satte sig ner i favorit fåtöljen och funderade på vad hon skulle göra i denna situation.

Då plötsligt hör hon en röst i drömmen där någon sa till henne att hon skulle ha tillit och se sig om med andra ögon. Då förstår hon att hon ska se och titta längre bort, inte begränsa sig själv med att bara se det som finns i hennes närhet. Hon bestämmer sig i drömmen att verkligen öppna ögonen och se sig omkring i hemmet med andra ögon och då när hon går omkring i röran så ser hon flera dörrar i lägenheten som hon inte sett tidigare. Hon går fram till en av dörrarna och öppnar den och då ser hon ett stort rum med massor av plats att möblera i. Hon blev så glad över detta och börjar flytta in saker i detta rum och plötsligt har hon mycket plats att röra sig på.

När hon vaknade insåg hon vad drömmen handlade om, hon förstod att de extra dörrarna var hennes inre medvetenhet som återigen vaknat upp och hon insåg att det finns så mycket mer inom oss människor att se och förstå om oss själva och livet som människa. Det finns så mycket att lära sig och veta om sig själv och vad som finns bortom alla begränsningar vi människor blivit indoktrinerade av från myndigheter och av allt som hålls hemligt för oss. Vi kan öppna dessa inre symboliska dörrar och veta vilka fantastiska varelser vi människor är!

Hon hade lätt för att tolka drömmarna hon själv hade och hon hjälpte också andra människor med deras drömmar för att få dem att förstå vad som pågick inom dem. Detta var återigen en insiktsfull dröm som hon lärde sig något av och att förstå vad vårt undermedvetna säger oss när vi vilar och sover. Hon förstod också budskapet hon fick tidigare från hennes katt och de universella ljusvarelser om den känslan av att ha befunnit sig i en bubbla tidigare som nu hade brustit. Detta skedde varje gång när hon blev mer och mer medveten om sin andliga utveckling och sina förmågor som vi alla människor besitter.

Ofta handlar vatten på olika nivåer om känslor, lite olika om drömmarna består av stilla eller forsande vatten eller rent av vattenfall och hur det känns när vi drömmer om detta elementet vatten. Det kan vara mycket olika vad man gör i vattnet vi drömmer om. Om vi drömmer om djur kan det vara så att vi ska titta på det djurets egenskaper och toka det. Ett hus eller hem kan tolkas hur vi upplever oss själva och hur det känns eller ser ut när vi är i huset, till exempel om vi upplever att huset är mycket gammalt så kan det betyda att vi besitter en mycket gammal visdom eller om huset är nytt så kan vi ha upplevt något nytt inom oss själva eller kommer att uppleva något nytt i vårt liv eller vår andliga utveckling. Som hon själv berättade om den drömmen när hon upptäckte nya dörrar, nya rum i lägenheten handlar ofta om en ny medvetenhet om sig själv. Det hade väckts upp nya insikter och ny förståelse om vad som sker inom oss och vår utveckling.

Detta är endast några få exempel på vad drömmarna betyder för oss det är mycket individuellt om vad som pågår inom oss människor och därför tolkas drömmarna något olika för var och en. Hon tycker att det är väldigt intressant detta, vad och hur vi drömmer och hur vårt undermedvetna talar till oss framför allt när vi sover.

Vi kan lära oss så mycket om oss själva i drömmarna och ibland tänkte hon också på vad är dröm och vad är verklighet egentligen!?

Hon kom ihåg för mycket länge sedan att hon drömde att hon befann sig i ett tempel där hon stod inför några varelser från tolv olika dimensions nivåer. Då fick hon undervisning och information om vår värld på jorden och om oss människors ursprung. Hon visste när hon vaknade att hon blivit informerad om de mest otroliga händelser, men många gånger så glömde hon bort vad de delgav henne men hon visste också att minnena om det som blev sagt skulle komma tillbaka när hon behövde plocka fram informationen igen. Hon mindes oftast små fragment av detta och hon bevarade dessa ord hon hörde inom sig och förundrades över om det verkligen kunde vara så vi människor kom till jorden och hur vi blivit vägledda till detta nu på jorden. Här berättar hon en del av det hon mindes om det som blev sagt om människans utveckling med att formulera det som, tänk om...scenarier.

Tänk om...det var så att vi människor skapades att leva på jorden, att vi blev på något sätt placerade här på jorden av utomjordiska varelser som ett experiment och att vi levde i samklang med dessa varelser.

Tänk om...det var så att vi från allra första början levde som människoras här på jorden för att utvecklas och lära oss leva här på planeten jorden och att vi var övervakade av dessa rymdresenärer.

Tänk om...de som undervisade och lärde oss att odla vår mat, bruka jorden och använda redskap och så småningom lärde oss olika tekniker för att överleva här på jorden var utomjordingar.

Tänk om...det var så att innan människan kom så blev dinosaurierna hitförda för att leva som ett experiment där de utomjordiska varelserna övervakade livet på jorden. Som alla vet blev dinosaurierna utrotade till slut.

Tänk om...utomjordingarna fick en enorm meteorit att krascha på jorden för att bereda jorden med intelligentare varelser som människorna och därför behövdes inte dinosaurierna längre.

Tänk om...människorna blev hjälpta med sin utveckling för att överleva tillsammans och sprida sina gener vidare för att befolka jorden.

Tänk om...de gudar som människorna berättade om som kom ner från himlen i sina farkoster och gav människorasen information och undervisning i själva verket var utomjordingar som visade sig för befolkningen. De kallades för gudar för ingen visste på den tiden något om att andra varelser existerade i universum.

Tänk om...det var så att människorna tillbad dessa gudar och byggde helgedomar till deras ära och som tack för den undervisning de fick för att leva tillsammans med varandra och med planeten jorden.

Tänk om...det var så att så småningom började människorna strida mot varandra och känna hat inför de olikheter som växte fram och de började bilda olika religioner och olika sätt att se på varandras tro och sätt att leva och på de olika gudarna som övervakade och började styra människorna.

Tänk om...det var så att olika utomjordingar från olika planeter och existenser i universum fick människorna att tvivla på varandra och tycka att deras sätt var rätt och andras sätt var fel.

Är det inte så tyvärr det är ända till nutidens sätt att fungera och leva tillsammans med varandra, tänkte hon!?

Tänk om...de varelser som vi kallar änglar är utomjordiska ljusvarelser från högre dimensions nivåer. De erfarenheter hon själv haft med dessa änglar är mycket kärleksfulla varelser som kan visa sig som människoliknande individer som enbart visar sig för oss människor när vi är redo för att uppleva...
Magiska möten med änglar!

Tänk om...en del utomjordiska varelser vandrar omkring här på jorden bland oss människor för att hjälpa oss att se vad som behöver göras för vår andliga utvecklings skull.

Tänk om...det också finns varelser som använder vår planet för att skörda av våra olika mineraler och tillgångar som finns på vår planet och som skördar av vårt DNA för att skapa hybrider.

Tänk om...det finns utomjordiska varelser som använder oss människor för att plantera in olika föremål i våra kroppar för att kunna styra och påverka oss för deras agendor.

Tänk om...alla dessa stenstoder som har former av cirklar med mera och byggnader som ingen förstår hur de har kunnat byggas av människor är av utomjordiskt verk. Likaså dessa vackra mönster och cirklar som skapats på sädesfälten världen över och alla märkliga artefakter som hittats och som ingen förstår eller vet vad de ska föreställa, är de utomjordiska lämningar till oss människor som budskap och meddelanden.

Tänk om...vi människor ursprungligen kommer från andra planeter i universum och att vi på grund av det har förfäder från parallella världar och att det finns koder i våra allra minsta beståndsdelar som bevisar detta.

Tänk om... alla dessa högtstående kulturer och civilisationer som försvunnit från jordens yta blev förda till andra planeter av utomjordingar.

Tänk om...utomjordingarna lever under vår hav och i grottor och tunnlar under jordens yta.

Tänk om...alla dessa fenomen och flygande objekt som visar sig på himlen är av utomjordisk art.

Tänk om...det finns energi portaler på vår jord där vi kan göra resor till andra parallella dimensions världar.

Tänk om...det är så att vi människor är så förda bakom ljuset av de styrande mänskliga instanser om vad som egentligen pågår och händer med mänskligheten och vem eller vad är det som styr dessa mänskliga styrande instanserna!?

Detta är en liten del av vad hon fått information om från de tolv ljusvarelserna när hon besökte templet i hennes drömmar för mycket länge sedan. Mycket att tänka på om det nu är så, tänkte hon! Ja, det är det och vi har alla den fria viljan att tro på det som händer och har hänt hos oss människor på planeten jorden som alla vill och känna inom sig vad som är sanningen.

Ibland kan det vara svårt att förstå det som är sanningen och då vill vi inte ta till oss av det som känns helt fel för det kan verkligen få oss att tappa fotfästet för vi har blivit vilseledda och indoktrinerade av det som sagts till oss människor sedan urminnes tider, tänkte hon vidare!

Men tänk om...det är och finns och har funnits så mycket mer än vad vi någonsin kunnat ana om vad som händer och har hänt med oss människor på jorden!

Hon hade så många gånger fått budskap från ljusvarelser som bland annat änglarna om att vi människor behöver vakna och se och förstå vad som händer hos oss människor. Hon har fått veta att det som sker nu är ett nödvändigt ont för vi kan inte blunda för sanningarna längre. Hon har också fått veta att vi ska ha ett öppet hjärta och se de positiva händelserna som också sker och sprida denna kärleksfull energi vidare omkring bland allt det vackra på vår jord.

Det hände så mycket på jorden nu i en tid, det var pandemier och det bröt ut krig och strider länder emellan och detta gjorde henne så känslig att hon grät och var ledsen en hel del inför detta. Hon upplevde det som om hon befann sig i ett stormigt hav av känslor. Hennes känslighet var mycket stort, hennes hjärta var alltid öppet därför kände hon av så starkt över vad som händer världen över. Det kunde bli mycket överväldigande för henne ibland. Hon bestämde sig för att meditera över detta en dag. Som vanligt i detta tillstånd av vila och bort kopplande av begränsningar och tankar upplever hon detta:

Hon ser en vacker äng framför sig, där ser hon en stig som hon dras till, hon känner att hon vill följa den stigen framåt. Hon känner bokstavligen hur hon reser sig från fåtöljen och börjar gå på stigen. Ängen är fylld av grönska och ängsblommor och solens strålar värmer hennes kropp och själ. Det gnistrar så vackert över hela scenen och hon känner sig så glad och harmonisk.

Detta är precis det hon behövde känna in efter en tung period av funderingar och undran varför det ser ut på jorden som det gör i detta nu med stridigheter och pandemier och en massa otrevligheter. Hon fortsätter att gå stigen framåt och njuter i allra högsta grad av att se och känna allt det vackra fridfulla omkring henne.

Plötsligt ser hon en bänk vid sidan av stigen, hon sätter sig ner på bänken och vilar en stund och då ser hon att det står en kanna med vatten och ett glas bredvid henne. Härligt tänkte hon, för hon var lite törstig så hon hällde upp lite vatten i glaset och dricker det ljumma, gnistrande och renande vattnet. Hon känner hur hela hennes kropp blir renad av det läkande vattnet. Sedan reser hon sig upp från bänken och går vidare framåt på stigen, hon känner sig renad och helad och hon känner hur hon släpper på sorgen som tagit över henne i ett tag nu.

Denna sorg hon känt av berodde på att hon kände att människor inte förstod varför dessa hemskheter skedde på jorden i detta nu. Hon visste att allt som händer med och hos oss människor nu var för att vi måste lära oss att förstå att vi inte kan fortsätta med att förgöra varandra och vara destruktiva. Vi behöver öppna våra hjärtan och värna om varandra och allt som finns på jorden.

Hon fortsatte framåt på stigen och då ser hon plötsligt ett stort ek träd lite längre fram som stod där så ståtligt mitt på ängen. Hon går fram till trädet och sätter sig på marken och lutar sig mot det vackra ek trädet. Hon känner av trädets enorma energi och hon fylls av en stark ursprungs kraft som rinner ner genom hela sin kropp genom hennes ryggrad.

Plötsligt ser hon en utomjordisk ljusvarelse, en ängel komma emot henne. Ängeln sätter sig bredvid henne på marken och de börjar kommunicera med varandra. Ängeln säger till henne att de har sett och känt av hennes sorg över att människor inte förstår vad som sker och att människorna skyller på varandra i stället för att själva göra något åt situationerna på jorden. Detta beror på att människorna har blivit skrämda att inte göra något av de som bestämmer och styr på jorden, därför har människor inte modet att ta över sina egna liv, sa ängeln vidare!

Det krävs ett enormt mod för att visa att allt som egentligen behövs är att ni ser på varandra med hjärtat fyllt av kärlek istället för hat och osämja. Det är då ni kan leva tillsammans i harmoni och kärlek detta är allt som behövs för er människor på jorden. När ska ni lära er detta, när ska ni förstå, det behövs egentligen inte mycket ansträngningar för er att förstå detta. Vi vet att ni har svårt att förstå hur enkelt det egentligen är men vi änglar ger aldrig upp om er människor. Vi finns hos er men vi kan inte styra er till att vakna upp, kan ni förstå detta!?

Det som ängeln sa kände hon att det är det enda rätta som måste till för att människorna ska uppleva frid, kärlek och förståelse för varandra. Hon tackade ängeln från hela sitt hjärta för dessa ord, det hjälpte henne att få bekräftelse på det hon själv kände. Hon satt kvar en stund vid trädets fot och tog in allt som blev sagt och hon kände en tacksamhet för det ängeln berättade om vad vi behöver göra och tänka på inför vår framtid på jorden. Hon förstod vad ängeln menade om att de finns hos oss och hjälper oss på många olika sätt men att de inte kan göra för mycket för mänskligheten för då styr dom oss också, vilket lät förståeligt för henne.

Till slut så reste hon sig upp och började gå tillbaka på stigen igen och medan hon vandrade vidare tillbaka så tackade hon ängen och moder jord för allt det vackra som ges till oss människor att njuta av. Hon såg och kände hur en varm vind tog tag om ängens växtlighet och vinden virvlade runt henne som om det lyfte bort allt det som ej längre behövdes runt och i hennes kropp och aura.

Plötsligt känner hon hur hon dras tillbaka bakåt med en väldig fart och hon vaknar till i fåtöljen och hon kände sig mycket lugnare och lättare till sinnet efter denna upplevelse.

Hon kände i en period efter detta möte med denna magiska ängel ett lugn och förståelse vad som sker men ändock kunde hon inte riktigt släppa på oron hur det blir i fortsättningen för oss människor. Hon följde informations flödet med att lyssna och se på de sociala medierna som sände nyheter hela dagarna om vad som händer. Det kändes som om hon var i ett stormigt hav av känslor och tankar. Hon såg hur människorna blev drabbade på många olika sätt, till exempel där deras hem blev raserade och deras infrastruktur och städernas byggnader förstördes och de tvingades fly från deras land som de älskade.

För henne och många fler som såg på så var det en enorm tragedi som inte gick att förstå fullt ut om man inte upplevde allt detta själv, hon tänkte att hur kunde detta ske i dessa tider. Hon hade tidigare fått budskap om att det skulle ske nya händelser, nya hjärtöppningar, en ny tid för oss människor och det stämde verkligen, tänkte hon så här efteråt men att det skulle bli en invasion av ett fredligt land kunde hon inte förstå eller tro på först. Det som hon fick insikter om senare var faktiskt att det trots alla hemskheter så har det växt en stor hjärtöppnings process bland många människor och att det som händer är verkligen en ny tid av gemenskap och hjälpsamhet bland människor världen över.

Hon kände att hon ville meditera på detta och se vad hon kunde få för budskap om det som händer. Som vanligt så försätter hon sig i ett förändrat tillstånd av energi nivå. Då ser hon en figur med nedböjt huvud och sina armar framför sig med den högra handen över den vänstra handryggen. Hela varelsen spred en mycket sorgsen och ledsam energi. Hon förstod att denna figur speglade hennes energi som hon kände sig då över detta som hände på jorden med stridigheter mellan flera länder på jorden som pågick i denna tid.

Plötsligt ser hon hur varelsen förändras och det blir ljusare och ljusare omkring varelsen. Hon ser att det växer fram ett mycket starkt ljus bakom figuren och till sist ser hon att det är enorma utsträckta gnistrande vingar som ljusvarelsen flaxar med så att det gnistrar av renande energi och känslan för henne är att ljusvarelsen gör detta för att hjälpa henne att vifta bort tunga energier hon tagit på sig på grund av alla ledsamma och skräckslagna människor som lider stort där stridigheterna pågick. Sedan börjar ljusvarelsen som ser ut som en mycket stor änglaliknande varelse att tala till henne:

Var hälsad mitt barn på jorden! Jag visar mig för dig för att jag sett din uppriktiga kärleks känsla för människor som lider. Jag vet att ditt och andra människors empati har växt och växer enormt nu i dessa tider av stridigheter. Oron hos er människor är stort och ni känner många av er en undring varför detta händer nu. Det jag vill säga är att detta har hänt hos er på jorden många gånger under människans existens på jorden på olika sätt med sjukdomar, stridigheter och osämja. Detta är förstås ingen tröst att höra för någon av er nu men detta har ni i alla tider känt av och upplevt på jorden.

Ni befinner er återigen i ett skifte, en förändring hos er för att se och förstå att i alla dessa stridigheter, pandemier och det negativa så lyser en enormt stor kärleks känsla för varandra att hjälpa varandra och stötta varandra med allt ni har. Det nya i detta är att ni delar med er av allt, både känslor och det som ni behöver för att överleva. Empatin och kärleken för varandra och er stolthet som medmänniskor som växt fram gör att ni bryr er om varandra och detta lyser som en värmande sol över mänskligheten. Ni kommer att lära er att förstå vad många av er går igenom i sina liv och era hjärtan öppnas mer och mer för varandra, kärleken växer och gror för fler och fler av er människor.

50

Ha denna kärleks känsla öppen under denna tid av otrevligheter och sprid denna kärlek till och för varandra. Se med öppet hjärta på era medmänniskor och med öppna ögon och se igenom alla begränsningar och tvivel och förstå att allt ni har är varandra och att inget annat betyder något.

Ge inte upp om varandra och er existens på jorden. Ge inte upp om er vackra moder jord. Ge inte upp om er överlevnad. Ge inte upp om ert hem.

Fortsätt se varandra med kärleksfulla ögon och förstå att ni alla är Ett. Fortsätt att leva med jordens tillgångar och vackra natur. Fortsätt att bygga nya broar och nya bosättningar. Fortsätt älska er själva och varandra. Ni människor behöver varandra.

Budskap från det allra högsta goda nivåerna. Creator, skaparen!

Hon tyckte att det var mycket kraftfulla ord bakom detta budskap. Hon tog till sig av orden och tänkte att det verkligen stämmer att många människor stöttade och hjälpte dem som var utsatta. Detta hade hon redan förstått och fått veta tidigare så det värmde hennes hjärta att så var fallet.

Hon lyssnade också till sociala medier som gav information och nyheter om det som händer i vår värld. Det kom också information från sociala medier och olika grupper som hon tänkte att sanningshalten i det som sas kanske inte stämde riktigt. Det kom som vi kallar, falska nyheter, som spreds vidare. Det var svårt för henne att förstå varför denna desinformation kom fram men det är förstås, som vanligt tyvärr, för att vilseleda befolkningen på jorden för deras egna agendor. Detta var för att locka människor bort från det som är sanningen, tänkte hon!

51

Det fanns också information från många olika konspirations teoretiker som berättade det dom trodde på och det har vi all rätt till att göra men att då också ta det ansvaret som det innebär, tänkte hon! Hon lyssnade och läste om dessa teorier som hon många gånger kunde hålla med om men hon kände att en del av teorierna kunde hon inte tro på fullt ut. Det kändes i hela kroppen av obehag när informationen inte stämde överens med hennes egen tro på det som sas och det hon fått budskap om från högre dimensions nivåer och med det sagt menar hon inte att hennes teorier var de sanna om hon inte kunde bevisligen visa att det var så som hon trodde.

Hon ansåg att vi alla fick tro på det som var och en ville och kanske det finns ett uns sanning i allt det som berättas för oss, vilket hon ansåg och trodde på. Det kunde vara svårt för oss människor att hitta pålitliga källor och att sålla bland all information som kommer från olika sociala medier och från de styrande instanserna men vi kan ha tanken öppen om att tänk om...det kan vara så som sägs.

Hon förstod att i många länder, om inte i alla så pågick det korruption i olika grad så ingen kunde svära sig fri från de anklagelserna. Tragiskt nog så är det så vår värld ser ut idag, tänkte hon! Hon undrade ibland om det någonsin tar slut med korruption och stridigheter bland oss människor.

När skapar vi en kärleksfull balans och empati för varandra utan att det först ska behöva hända att en del människor måste uppleva strider och osämja med varandra och att i och med detta måste människor lämna sina hem och se sina hem raserade som tidigare varit deras trygghet och fasta punkt i livet. Svårt att förstå när vi sitter i våra trygga hem och där vi har allt som vi har kärt och som vi håller av i vår närhet, tänkte hon vidare!

Men som budskapet hon berättade om tidigare så har det växt fram empatiska känslor hos människor runt om på vår jord och det är verkligen beundransvärt, tyckte hon. Hon hade trots allt stora förhoppningar att vi människor ska lära oss något av det som händer och börja se till varandras bästa istället för att strida och föra varandra bakom ljuset. Hon tänkte på hur underbart det skulle vara att leva tillsammans utan osämja, begränsningar, avundsjuka och stridigheter som råder i vår värld. Hon ville uppehålla sin positiva energi och sprida sin kärlek och hopp för att vi en dag ska inse vad det är vi behöver och det är att vi behöver varandra i kärlek och ljus.

Det här är en del av hennes tankar och funderingar om livet vi lever på jorden just nu. Ibland blev det tunga tankar för henne som kom upp men hon fortsatte att tänka så positivt som möjligt och inte falla ner i det som var negativt. Hon visste att hon inte kunde blunda för orättvisorna som skedde runt oss människor men trots det ville hon se det kärleksfulla goda med ett öppet hjärta och sprida den känslan så mycket hon bara kunde, tänkte hon.

Efter alla dessa tankar och oroligheter hon kände av drömde hon en natt att hon gick omkring i en stad och letade efter något. Hon kom fram till en byggnad som hon gick in i vilket hon tyckte var skönt för hon var mycket lättklädd och frös en aning, hon hade bara ett tunt nattlinne på sig.

Där inne i den stora byggnaden såg hon att det fanns en massa trappor så hon började, i drömmen att gå uppför trapporna. Plötsligt inser hon att trapporna hon gick på ledde först uppåt och sedan gick trapporna plötsligt nedåt och trapporna vek av både till höger och vänster, nedåt och uppåt så hon kom aldrig fram till det hon letade efter, vad det nu än var visste hon inte då i drömmen.

Hon började bli något panikslagen för hon kom ingenstans och hon fick inget svar på vad hon letade efter. Hon sätter sig ner på ett av trappstegen och försöker lugna ner sig och slappna av. Då plötsligt kommer en ängel fram till henne, ängeln tar hennes hand och ängeln säger, följ mig. Hon gör så och då befinner de sig plötsligt på en mycket vacker blommande äng samma äng som hon besökte tidigare i en meditation. Nu känner hon sig helt lugn och värmen sprider sig i kroppen och hon vet att hon kommer att få svar på vad hon letar efter som hon inte kunde hitta. Ängeln sa:

Du söker något inom dig för att förstå vad som händer med dig i dessa tider hos er på jorden. Det finns minnen från tidigare liv som vill komma upp till ytan hos dig. Dessa minnen är vad du letar efter för att det som händer nu på jorden har du upplevt många gånger i tidigare liv där du upplevt stridigheter på många plan. Minnena är något som du vill förstå och lära dig något av. Upplevelserna du haft i tidigare liv har varit av förskräckliga slag och det du vill förstå och minnas av dessa liv är att i nuvarande existens försöka förstå att vad som än händer så finns det hopp till försoning för mänskligheten och att det är vad du har upplevt många gånger på jorden i olika skepnader.

Sök den känslan som finns inom dig och låt detta stärka dig och göra dig hoppfull och förväntansfull. De känslor du känner är dina sanna känslor som är den du är. Du har upplevt enorma kärlekskänslor som alltid funnits hos dig och detta är minnen från de existenser du levt från olika galaxer i universum. Du har alltid valt att främja det goda och det kärleksfulla inom dig och andra varelser men du har också valt att uppleva det mindre goda för att förstå även denna känsla vilket är svårare att förstå och ta till sig, så ock i detta nu. Kom ihåg att allt går i cirklar, det finns egentligen ingen början, inget slut, allt är bara Nu!

Hon tackade ängeln så mycket för detta svar och det kändes så verkligt när hon drömde om detta, tänkte hon när hon vaknade! Hon började också förstå efter svaret hon fick nu att när hon var barn så sa en ängel till henne att hon en dag skulle förstå vem hon är. Hon förstod att hon är en av de många som upplevt existenser och civilisationer i universum för att lära sig vad kärlek är och den känsligheten är vad hon är här på jorden för att sprida genom hennes berättelser i böckerna hon skriver, bland annat.

En dag tänkte hon att nu räcker det med att befinna sig i nedstämdhet på grund av oroligheterna i världen. Hon hade förstås fortfarande en enorm empati och förståelse för dem som blivit drabbade av hemskheter av olika slag. Hennes hjärta var alltid öppen för att lyssna och ta till sig av vad som berättades för henne och för det som hon lyssnade till på de sociala medierna som sändes.

Hon umgicks med mycket fina och förstående vänner som var hennes jordiska änglar som träffades emellanåt i naturen. De jordiska änglarna som hon inte kunde träffa så ofta på grund av avståndet pratades vid på telefon där de på så vis kunde prata av sig och rensa i systemet, som hon brukade kalla samtalen för. Hon var mycket klar med att hon valt att gå sin egen väg i livet och lät sig inte ryckas med för mycket av andras åsikter och tro. Detta kunde förstås ibland göra henne ensam i sitt slag som inte följde vad andra tyckte att hon skulle göra eller tro på.

Hon kunde ibland känna sig som om hon inte hörde till mänskligheten och alla som känner av det på ett liknande sätt, vet hur det kan kännas emellanåt, tänkte hon! Hon kände det som om hon var en utomjording bland andra människor som inte förstod hennes sätt att vara och uppleva det som hon tror på i livet.

Hon kunde inte låta bli att le stort när hon tänkte på sig själv som en utomjording men tänk om...hon är det och tänk om...alla människor är det ursprungligen. Vetskapen och intuitionen inom henne gjorde att hon fick tro på vad hon vill precis som alla andra får tro på vad de vill. Hon visste att hon hade en sida, en del av henne som ingen ser och förstår. Endast ytterst få kunde se den sidan av henne och förstå den.

Medan hon tänkte dessa tankar kände hon av hennes allra högsta högre jag, som är den del av oss som är den kloka, visa delen som talar till oss när vi behöver lyssna inåt och följa de budskap vi får. Budskapet löd denna gång så här:

Tro på dig själv, följ dina egna insikter och vet att det du gör och visar är från dina innersta goda tankar om livet och om mänskligheten. Du går din egen väg och följer den plan du har inom dig som härstammar från många liv och existenser för att förespråka och visa kärlekens väg där intet ont råder. Detta är din väg att gå och alla människor väljer sin väg att gå om alla väljer att följa sin inre röst. Du är jag, jag är du!

Hon kände en stor glädje att bli påmind om detta. Hon hade ofta kontakt med sitt högre jag som gjorde att hon kunde förstå en hel del, men hon var en människa på jorden i utveckling just nu så det kunde vara svårt att alltid minnas hennes plan för hennes väg ibland, men just nu var vägen att gå den för henne rätta kärleksfulla vägen framåt och följa hennes inre röst.

Trots allt detta så kunde det bli jobbigt emellanåt för henne att vara för snäll och kärleksfull, vilket var ett tragiskt sätt att tänka på men så var det ibland. Det kunde ses som en svaghet från andra människor att vara snäll och i och med detta kunde det göra att andra människor utnyttjade hennes godhet.

Men hon tänkte också att hon hellre ville visa sin godhet än att vara egoistisk och arrogant. Hon kände av när andra människor försökte med att lura och manipulera henne för hon kunde läsa av människors energi genom att se rakt igenom dem ganska snabbt så därför visste hon när det handlade om manipulation eller om det var av ren vänlighet. Detta var en av hennes mediala förmågor.

Ibland använde hon sig av en meditation som gjorde henne starkare i kropp och själ för att stå emot elakheter och förtal på olika sätt från andra människor. Hon behövde detta för att det kunde bli mycket svårt ibland att andra inte förstod henne. Innan hon började meditationen bad hon sina skydds änglar närvara för största möjliga beskydd. Denna meditation tyckte hon mycket om att utföra.

Hon gjorde det bekvämt för sig i fåtöljen och hon hade oftast en ädelsten i handen, en rosen kvarts som är en mycket kärleksfull sten. Den ädelstenen ger en lugn och rofylld känsla och den ger en inre balans. Den ger också ett mod att våga öppna upp hjärtat för att se det sanna och kärleksfulla jaget och den är mycket hjälpfull att använda vi förlåtelse processer.

Hon tänkte och förställde sig en röd energi, en moder jord energi som strömmade upp genom hennes fötter och den röda energin gick hela vägen upp genom kroppen ända upp till ovanför sitt huvud. Sedan föreställde hon sig att ett vitt kärleksfullt glittrande ljus från universums änglasfärer som rann ner genom hela kroppen ända ner till fötterna.

Sedan ser hon hur den röda jordfärgen och det vackra renande vita ljuset från universum blandas och det blir ett underbart vackert rosa skimmer som omger henne.

Den rosa färgen fyller henne med kärlek, styrka och mod att vara den hon är och att inte låta något störa eller hindra henne för att tro på sig själv och veta att allt som hon är består av kärlek och ljus. I denna energi satt hon så länge hon behövde för att stärka den kärleksfyllda energin i och runt henne. En mycket magisk och rofylld meditation, tyckte hon!

Vid ett av tillfället hon gjorde denna meditation upplevde hon ett liv där hon befann sig på en planet i en helt annan dimensions nivå i en galax som hon inte visste namnet på eller rättare sagt en galax som hon inte ens kunde uttala. Det var ett namn som hon aldrig hört tidigare, ingen på vår jord visste om denna galax, fick hon veta. Det finns så enormt mycket i universum som ingen vet något om, tänkte hon vidare!

Hon upplevde en enorm kärleksfull känsla där varelserna bestod av en mycket lätt och skir energi, inte tunga kroppar som vi på jorden. Hon kände av ett enormt välbefinnande, kärlek och trygghets känsla och ett lugn inombords.

De var mycket änglalika och de nästintill svävade fram och utbytte kärleks energi med varandra och det fanns enbart kärlek och ljus. De behövde inga ord och de åt inte mat som vi på jorden äter utan de drack en livgivande dryck som bestod av, ja endast energi. Märkligt, hann hon tänka medan detta pågick omkring henne men ändå så otroligt vackert och rofyllt, ingen oro eller ångest, inga strider eller osämja, endast känslan av att alla levde i samklang med varandra och de levde som i en sorts symbios med varandra.

Det var en sån magiskt fantastiskt leverne hos dessa varelser, hon kunde känna allt som var enbart vackert och rofyllt och kärleksfullt i hela hennes väsen, tänkte hon!

Hon tyckte att det var så otroligt vad vi kan uppleva i både drömmarna och när vi mediterar. För hennes del berodde dessa upplevelser på att hon kunde ändra sin frekvens och förändra sin förnimmelse förmåga och på det viset kunna uppleva fantastiska underverk och minnas vad vi upplevt i många tider av existenser och leverne. Det finns så mycket mer av våra innersta kunskaper som finns lagrade i det allra minsta beståndsdelar av människan som inte många vet något om, ansåg hon!

Hon mindes en tid i sitt liv när hon kände av en sorts mellankolli där hon befann sig i ett socialt distanserings nivå. Hon ville inte befinna sig i denna situation men trots det så kände hon sig isolerad eller rättare sagt, hon hade på ett plan själv valt att vara i detta tillstånd. Det var inte så att hon hade ett tråkigt liv, nej hon trivdes bra med att vara för sig själv trots allt, hon visste att hon aldrig var ensam. Hennes skyddsänglar och många vägledare och guider fanns alltid i närheten, något osynliga men inte mindre närvarande för den skull.

Hon hörde inte av sig till någon för att berätta om hur hon kände sig innerst inne utan hon höll alla dessa känslor inom sig vilket kunde få bägaren att rinna över ibland, som hon uttryckte det! Hon tänkte att ingen vill väl höra på vad hon kände och hur hon mådde vilket förstås var en destruktiv tanke. Hon kände det som om att hon störde andra människor med hennes tankar och känslor och det ville hon inte uppleva.

En kväll bad hon extra mycket till änglarna vilket hon ofta gjorde innan hon somnade. Hon bad om att få förstå varför hon isolerade sig och varför kunde hon inte vara mer social och visa sig för släkt och vänner. Detta gjorde henne en aning fundersam över hennes beteende.

Senare under natten drömde hon att hon befann sig bland likasinnade människor där det fanns en hel del som var precis som hon, introverta och underdåniga. Hon såg sig själv och många andra människor gå omkring som robotar eller zombies och där fanns också de människor som bestämde och styrde över befolkningen. Hon och de andra människorna fick inte visa sig eller på något sätt framhäva sig själva för att om hon och de andra gjorde det så blev de nedtryckta och tillrättavisade att hålla sig på sin kant.

Hon noterade i drömmen att det kändes mycket märkligt att känna sig som om hon inte hade någon talan och att ingen ville lyssna på det hon ville säga. Plötsligt i drömmen har hon papper och penna i handen, hon visste inte först vad hon skulle göra med detta papper men sen hör hon en inre röst som säger:

Skriv ner ditt namn, ditt nuvarande namn på papperet och visa det du skrivit för alla de andra. Så hon gör det, hon skriver Raija Öberg som hon heter just nu, sedan visar hon det för de andra, lite grann i smyg för att inte visa för dem som styr och bestämmer vad hon gör. Denna lapp med hennes namn spred sig runt om till många människor och i samma stund de andra människorna ser hennes namn på papperet så börjar de känna igen henne. De liksom vaknar till och de vet plötsligt vem hon är och i och med detta så börjar alla andra skriva ner sina namn och sprida deras namn bland de andra människorna.

Det viktiga var att alla måste skriva ner det nuvarande namnet på papperet, det räckte inte att säga namnet. Plötsligt så ser hon hur alla växer och vaknar upp ur dimmorna de befunnit sig i, inklusive hon själv. De känner igen varandra och de känner igen henne och de vet att alla är lika värda. De som styrde blev mycket arga och de försökte stoppa dem som skrev ner sina namn.

Fler och fler människor och hon själv kände att hon var värd att bli sedd och lyssnad på. När hon vaknade på morgonen kände hon sig stärkt av denna dröm och hon kände sig mer införstådd att oavsett om hon inte hörde av sig i större omfattning till andra så var hon trots det en värdefull och kärleksfull människa som brydde sig om släkten och vännerna. Hon tänkte gott om alla och envar och att hon skulle tänka gott och positivt om sig själv också och genom att skriva ner och säga sitt namn högt och ofta och mycket så skulle hon stärka sig själv. Magiskt hur hon fick budskap återigen i hennes drömmar för att förstå sig själv när hon bad om det. Efter denna dröm såg hon för sin inre syn en ängel som gav henne detta budskap:

Skriv ditt namn och vet att det är du och vet vem du är. Vet att du och alla andra människor är betydelsefulla för varandra. Ditt namn är det som förverkligar dig själv. Säg också ditt namn högt för dig själv. Namnen ni säger till varandra gör att ni vet vilka ni är. Namnen ni har just nu vibrerar av den energi ni är. Ni människor har burit era namn som en definition om vem ni är och vad ni är och kom också ihåg att det är vad ni gör som definierar vilka och vad ni är. När ni skriver och säger era namn så stärker ni er själva och känn hur det känns när ni säger eller skriver ner era namn. Känn kärlek till era namn och vet att ni alla är värdefulla och viktiga att nämnas under alla omständigheter.

Du, Raija Öberg har helande förmågor som du har haft i många liv och existenser. Du tar upp energier och känslor från människor och naturen ibland så därför känner du olika smärt tillstånd i din kropp och sinne. Förmågan gör dig känslig och ibland vet du inte om smärtan du känner på olika sätt är din egen eller om du känt av det som sker runt ikring i din omgivningen.

Det är viktigt att ni alla som känner av detta att ni lär er vad som finns hos er själva eller om ni känner av någon annans smärta. Vilket av detta ni än känner så tänk helande tankar oavsett varifrån smärtan kommer. Detta är till ett stort hjälpande för er själva och för andra medmänniskor.

Hon kände mycket väl igen detta som blev sagt till henne, hon hade upplev detta i hela sitt nuvarande liv och det var inte alltid så lätt att förstå detta fenomen, tänkte hon! Men hon visste också att ha denna förmåga, denna känslighet gjorde att hon kunde förstå och känna inom sig hur många människor mådde och det hjälpte henne och de människor hon tog emot i sitt tidigare företag med helande, mediala samtal och behandlingar.

Just nu på äldre dagar var hon så tacksam för detta och hon visste att hon hade hjälpt många människor genom att visa sin förstående och hjälpsamma sätt med ett öppet hjärta. Tacksamheten var stort inom henne för det som hon kunde göra för att hjälpa sina medmänniskor att börja hjälpa sig själva. Hon var mycket tacksam för det som hon själv fick hjälp med från sina vägledare från olika dimensioner och änglarna att de visade henne vad hon kunde åstadkomma för andra människor.

Hon gjorde detta med ett stort öppet hjärta och hon dömde aldrig andra människor för vad de än gjorde och berättade om under sessionerna. Det enda hon ville var att alla skulle se och förstå vad vi gör mot andra människor genom att döma och anklaga varandra för olika saker i livet. Men vem kan med handen på hjärtat svära sig fri från att inte ha gjort eller sagt något som sårat andra människor, medvetet eller omedvetet någon gång, tänkte hon! Själv hade hon aldrig medvetet menat att såra någon på något vis och att vara fördömande och arrogant var inte vad hon är som människa.

Känsligheten hon alltid haft inom sig hade inte alltid varit så lätt för henne det kunde ibland vara mycket sårande och tungt att veta när andra människor inte var ärliga och sanningsenliga mot henne. Hon kände av detta mycket lätt som hon berättat om tidigare. Hon sa oftast inget om det eller på något vis uttryckte detta till andra utan hon behöll det inom sig och försökte bearbeta detta själv och kanske detta inte var så bra för henne eller för någon annan att göra så. Hon tänkte oftast att de som sårade och anklagade andra människor inte visste vad de gjorde eller så var det deras sätt att hävda sig själva för att känna sig behövda och bekräftade.

Detta var inget som hon dömde de andra för utan det är så att alla har en väg att gå och den vägen ser annorlunda ut för alla människor. Det viktiga var och är att insikterna väcks till liv om hur vi bör vara gentemot varandra för vi behöver varandra vi människor som hon fick budskap om från ängeln Creator tidigare.

Medan hon sitter vid skrivbordet och skriver ner detta så ser hon hur fotografiet på hennes mamma, som befinner sig i andevärlden, sakta dalar ner från väggen framför henne och landar på skrivbordet. Hon blir så glatt överraskad av denna händelse så hon tänker att detta betyder att hon ska få kontakt med hennes biologiska mor som gick över till andevärlden när hon var vid elva års åldern. Så hon fokuserar på att ta emot sin mor för att höra budskapet som hon vill förmedla.
Detta blev sagt:

Mitt kära barn, mina kära barn! Jag ser dig, jag ser ditt hjärtas fulla potential. Jag vill ge dig detta tecken så att du vet att jag finns här i din närhet och jag vill att du förmedlar detta till dina systrar att jag också finns i deras närhet.

Jag närmar mig dig för det är du som lättast kan ta emot min energi. Jag älskar er enormt mina barn och jag har alltid funnits hos er även om ni inte ser mig. Jag har växt i min energi där jag befinner mig nu vilket vi också gör i denna energiform av varandet. Jag ser din energi växa och gro, ditt hjärta öppnar sig mer och mer, var stolt över vem du är, var alla stolta över era olika vägar att nå det som är kärlek. Jag är mycket stolt över er mina barn. Er mor som befann sig på jorden tillsammans med er under en kort period denna gång!

Tack älskade mor, tänkte hon och sände kärlek och tacksamhet!

Ibland undrade hon hur det egentligen fungerade detta med att kunna få kontakt med det som är bortom. Hon visste att det pågick forskning om till exempel vårt DNA, det sägs att vi människor endast använder en mycket liten del av vårt DNA:s förmågor och kapacitet. Detta har hon alltid förstått att det finns så mycket mer i våra kroppar som vi inte upptäckt ännu, mycket magiskt och komplicerat, tyckte hon men spännande.

Vi består av ett helt universum som finns inom oss och hon trodde på att vi kunde få information bortom rum och tid och att det är vad som sker när vi till exempel kanaliserar, när vi får kontakt med de olika dimensionella världarna, för det är vad hon gör när hon kanaliserar, tänkte hon! Det är inte så lätt att förstå hur vi fungerar men hon hoppades på att en dag så skulle olika forskare kunna bevisa var de mediala funktionerna och kunskaperna kommer ifrån och hur det fungerar.

Hon tänkte också på de människor som inte har väckt upp dessa förmågor inte kunde tro på att detta existerade men det kanske är det vi kallar för den andliga utvecklingen som många går igenom och det tar olika lång tid för oss människor att utveckla detta.

Det är trots allt vad vi än tror på mycket lärorikt att försöka förstå att vi är något som hon vill kalla det för, sändare och mottagare av budskap och information från bortom det som inte syns men som trots det finns, tänkte hon! Mycket magiskt!

En dag drog hon sig till minnes en episod under en meditation där hon tog in den röda energin från jorden och där hon tog in det vita ljuset från universum, en mycket kärleksfull metod för kärlek och ljus. Hon mindes att hon upplevde att hon såg varelser i en galax i universum, en värld som bestod av enbart kärlek och harmoni. Hon insåg att hon själv funnits bland dessa varelser och att en av hennes nuvarande vän också fanns där.

Denna vän och hon hade upplevt många liv tillsammans, de hade följt varandra i själ och hjärta på deras vandring genom de olika liven för att utvecklas och uppleva vad som är viktigt för alla varelser var vi än befinner oss på för planeter, galaxer och existenser och det är att lära sig vad kärlek är.

Hon fick se att det var en planet med mycket ljusa färger där allt var i ett rosa, lila, ljusgrönt, vitt och turkos skimrande kulörer. De levde i kupol formade hus som bestod av kristall som var genomskinliga och tunna för att de behövde ha kontakt med varandra för att leva tillsammans i kärlekens tecken. De vackra färgerna runt dem skapade de själva för att det var vad de bland annat levde av och vad de utstrålade.

Det fanns något som liknade våra hav som glittrade i turkosa nyanser och detta turkosa vatten finns även att se på vår jord som hon tyckte var så otroligt vackert och rogivande att sitta vid och njuta av. Hon älskade att se ut över våra hav och vatten och denna känsla kom sig förmodligen av minnena från denna existens och leverne. Mycket vackert, tyckte hon!

Hon började förstå att hon själv under detta liv på jorden börjat att finslipa på hennes förmågor och detta gjorde att hon började minnas just dessa olika liv som hon upplevt. Hon började också förstå att hon hade kristallina egenskaper som gjorde att hon som en människa var tystlåten och känslig. Hon hade alltid i detta liv på jorden varit en lugn och introvert person som inte gärna höjde rösten utan hon talade ofta i låga toner. Hennes kanaler för helande energier fanns inom henne och det kunde räcka med att hon antingen pratade eller tänkte på någon annan person så blev de helade och lugna.

Hon hade också en enorm stor kärlek för naturen som hon gärna ville vara i så mycket som möjligt. Hon förstod nu att hon var en människa med kristallens egenskaper, hon hade alltid älskat kristaller och andra ädelstenar som gett henne så mycket styrka och visdom. Detta var också minnen och egenskaper hon haft med sig från livet på till exempel Atlantis. Dessa insikter om hennes känslighet bland annat gav henne förståelse för varför hon är som hon är nu i denna skepnad på planeten jorden, tänkte hon!

Att vara och ha denna kristallina känslighet kunde vara svårt ibland för att andra människor inte kunde förstå detta hur man kunde vara så naiv som de uttryckte känsligheten för. Det är viktigt för oss som har denna egenskap att skydda oss själva genom att föreställa sig en kokong av helande ljus omkring oss som skydd från andra hårda och rädsla baserade tankar och energier. Hon tänkte också på att vara stolt över vem hon är, för att ha denna känslighet inom sig gjorde att hon förstod och kunde stötta andra människor med hennes helande egenskaper. Hon visste att på det viset kunde hon visa och lära andra människor att vara stolta över sig själva med deras känslighet och egenskaper som kan vara av olika slag.

Om det trots allt kändes för jobbigt så bad hon alltid sina skydds änglar om hjälp och styrka vilket hon gjorde ofta och gärna och hjälpen kom alltid. Ibland inte så som hon trodde att hjälpen skulle ske men på ett mycket mer insiktsfullt sätt. Genom att be om hjälp ger man änglarna tillstånd att agera på grund av den fria viljan vi har inom oss.

Vad hon också gjorde ibland till exempel när hon var i naturen tillsammans med andra vänner på de platser i naturreservaten där det fanns en eldstad iordninggjord för att använda sig av. Där hade hon en ceremoni där hon skrev ner sina rädslor och bekymmer som hon ville bli av med på ett papper. Sedan lägga detta papper i elden och samtidigt be eld andarna att ta emot önskningarna om hjälp och med rökens hjälp föra det som stod på papperet upp till universum för att på så sätt släppa på det som hon inte längre behövde. Efteråt tackade hon för den hjälpen med att släcka elden ordentligt och rensa och städa efter sig på platsen.

Efter detta tänkte hon positiva tankar och hon tog lärdom av detta för hon visste att det hon tänker blir till verklighet. Hon visste också att änglarna var med dessa gånger och hjälpte till att rensa gamla negativa tankar hos henne. Mycket magiskt hur hon kunde hjälpa sig själv med positivt och kärleksfullt tänkande, ansåg hon!

Hon fortsatte att uppleva gudomliga händelser i hennes liv. Hon gick sin egen väg som hon följde intuitivt och med tillit och kärlek i hjärtat. Hon visste att hon hade en uppgift på jorden som människa att visa kärlekens väg och att föregå med goda intentioner och exempel för att på det viset undervisa om kärlekens kraft. Hon försökte ha tillit till det hon såg för sitt inre öga och för det hon såg med sina fysiska ögon för att ta lärdom av livet som är.

Hon försökte också respektera sig själv och andra människor och hon försökte förstå och hedra den känslighet som hon beskrivit tidigare och att inse att det faktiskt är en gåva hon har som följt henne under många liv och existenser. Hon visste och förstod att hon behövde i detta liv läka den smärta som har att göra med hennes barndom och till hennes far och styvmor. Hon bad ofta änglarna om hjälp med denna läkeprocess som var viktig för själens fortsatta vandring genom liven hon upplevde.

Hon tog också hjälp av kristallerna som hon hade en så stark koppling till. Hon hade placerat många olika kristaller och änglafigurer i sitt hem som gav henne styrka och påminnelse om att änglarnas energi alltid fanns i närheten. Hon försökte också vara uppmärksam på de tankar som kom till henne som hon uttryckte det, som från en klar himmel. Det var vägledning från de hjälpare från olika dimensioner och universum som sändes till henne som svar på hennes böner.

Hon var så djupt tacksam för den hjälpen och de budskap hon fick och hon var också tacksam för att hon hade den insikten och förmågan att kunna ta emot och att förstå varifrån hjälpen kom. Hon kunde känna i hela kroppen och framför allt i hjärtat när budskapen och vägledningen var sanna och gudomliga.

Hon tänkte också på att känna sig berättigad att få vara kraftfull i den energin och ta till sig av de magiska händelserna i hennes liv och att inte tillåta andra människor att förminska det hon trodde på och att tro på sig själv och veta vem hon är. Hon hade alltid haft goda intentioner och kvaliteter inom sig och hon visade ofta omsorg och förståelse till andra människor oavsett vad andra tyckte eller ansåg om henne. Denna ödmjukhet var en del av henne och hon hade under många av de tidigare liven tagit lärdom om detta att vara förstående och förlåtande.

En dag började hon minnas en episod när hon var mycket ung. Hon hade haft funderingar på att försöka lära sig att förstå detta som hände med henne själv och vad syftet var med dessa förmågor hon hade. Hon hade haft många funderingar på detta i sin ungdom så hon började undersöka om det fanns någon kurs som kunde lära henne förstå dessa förmågor och hur hon kunde hjälpa andra människor att utveckla deras inneboende mediala förmågor för hon trodde redan då att alla har dessa förmågor inom sig som ligger latent inom oss alla.

Efter en del sökande hittade hon en kursgård som låg mycket vackert till vid en sjö och en vacker natur i närheten. Det var många likasinnade människor på plats som ville lära sig förstå deras egna mediala förmågor och lära sig utveckla dessa förmågor så hon kände sig mycket bekväm av att delta i kursen.

Vi ett tillfälle när de skulle meditera så satte hon sig i en soffa tillsammans med ett par andra människor bredvid sig. De hade gott om plats i soffan men det hade inte fått plats med fler just i den soffan. Efter en stund i meditationen där hon befann sig i ett meditativt tillstånd så kände hon fysiskt hur någon, något bokstavligen klämde sig ner mellan henne och en av de andra deltagarna i soffan som satt bredvid henne. Hon hann tänka som hastigast att det kändes märkligt att någon fick plats där.

Sedan kände hon en yrsel och plötsligt försvann både tid och rum. Hon vaknade upp och insåg att hon inte visste hur lång tid hon mediterat utan det hon såg var att alla deltagarna satt och tittade på henne med en tystnad och något av beundrande kärleksfulla blickar på henne. Hon visste inte varför alla tittade på henne med ett leende på läpparna. Hon började känna sig en aning obekväm med det som skedde just då.

Kursledaren tog till orda och började förklara för henne vad som hade skett för han såg hennes förvåning och förvirring. Han förklarade att hon hade gått ner i djup trance tillstånd och att hon hade börjat tala med en något förändrad röst och att hon förmedlat budskap till alla i rummet. Detta hade hon ingen aning om att hon gjort, hon visste inte vad hon sagt och hon visste inte hur länge hon kanaliserat för gruppen för just då existerade inte tiden för henne.

Han berättade att hon hade förmedlat budskap till världens alla människor om hur viktigt det var att samarbeta med varandra och visa kärlek och förståelse för allt som fanns på jorden. Hon hade talat om att se på ett kristall kluster där många kristall spetsar växte fram från basen av klustret som symboliserade att vi alla kommer från samma essens av liv och att vi därför skulle förstå och lära oss att vi alla är Ett!

Den känslan att någon satte sig bredvid henne under meditationen var den som talade genom henne och den deltagaren som satt bredvid henne i soffan hade också känt att någon klämde sig ner mellan oss, det var mycket påtagligt och fysiskt nämnde den andra deltagaren senare. Det tog några år efter den händelsen som hon fick veta vem det var som talade genom henne då under kursen. Det var hennes indian guide som följt henne under många inkarnationer som kom igenom då och det har blivit många fler tillfällen som hennes vägledare kommit med kloka och visa budskap.

Hon förstod att de budskap hon hade fått både före och efter kursen handlade om de bristande känslor vi visar för varandra och naturen, det är så viktigt att förstå att det gör oss människor mycket illa för vi behöver varandra och vi behöver börja förstå att vi kommer från samma essens av livgivande ljus.

Efter denna händelse på kursen så kände hon att hon inte ville att kanaliseringarna skulle ske så att hennes medvetande försvann helt för hon blev så chockad av att inte vara medveten om vad som händer. Hon lärde sig att ta emot budskapen genom en lättare trance tillstånd och det fungerade mycket bra. När hon kanaliserar så hör hon sig själv tala men det är med andra ord och formuleringar som det sker, hon kan inte styra eventuella svar eller den information hon får utan hon tar emot budskapen som en mottagare och sändare.

Efteråt minns hon inte exakt ordagrant vad som sagts men hon har en liten aning om vad som förmedlats genom henne. Hon använder sig också av automatisk skrift och hon spelade också in dessa budskap för att kunna lyssna till efteråt. För henne har detta fungerat mycket bra i många år och hon har fått många kloka budskap och information på det viset vilket hon är så tacksam för.

Under hennes tid som egen företagare hade hon kunnat hjälpa många människor med olika kurser, workshops, helande behandlingar och mediala samtal där hon använt sig av sina förmågor för att få människor att bland annat hitta och ta fram sina egna förmågor och ha tillit till att alla kan utveckla de olika förmågorna vi besitter. Hon ansåg att det ligger latent i våra allra minsta bestånds delar inom oss. Hon visste också att syftet med hennes förmågor är att kunna på så sätt hjälpa andra människor att få förståelse för vad vi kan åstadkomma för oss själva och för andra medmänniskor. Detta beror förstås på vad vi väljer att tro på och på vad och hur vi vill leva våra liv. Var och en har en egen vilja att leva som vi vill och som vi väljer, det viktiga är att förstå att det sker konsekvenser på allt vi gör för oss själva och andra medmänniskor.

Det kom äntligen en tid där blommorna, träden, naturen vaknade till liv igen, det började våras och allt som tidigare legat i dvala och vila började växa och gro återigen. Hon planterade blom frön och en del örter och grönsaker för att så småningom få njuta och plocka av dessa underbara magiska ting. Hon satte också blommor i krukorna på sin uteplats och ju mer hon planterade och sådde desto mer kände hon att hon själv började spira och växa och gro inombords.

Solen värmde och det blev lättare för henne att andas ut efter en lång vinter och efter en lång period av vila och eftertankar om livet. Hon älskade att sitta vid sin lilla uteplats och känna solens strålar som smekte hennes kropp och själ och hon njöt i stora drag av all växtlighet som visade sig i sin fulla prakt runt om i naturen. En dag när hon satt utomhus och andades in den varma luften såg och kände hon närvaron av sin skydds ängel. Hon stillade sig och lyssnade till budskapet som förmedlades till henne:

Det är nu återigen ett uppvaknande för er människor på jorden och det sker på många plan. Det har skett och sker stora omvälvningar hos er på jorden. Detta är lärdomar och uppvaknande processer som gör att för de flesta av er människor ska förstå att ni behöver tänka om vad som gäller ert leverne tillsammans på jorden. Det är nya tider för er och ett nytt tänkande om er situation som gäller nu.

Naturen vaknar till och gror och växer som det ska och naturen tänker inte, ska jag växa och gro, nej naturen bara gör det. Naturen gör det som är det enda sanna och riktiga för att växa utan betänkligheter eller oroligheter. Detta är naturens gång, det enda den kan göra som är det naturliga för hela floran och faunan på er planet.

Detta skulle ni ta lärdom utav att göra som naturen, er vackra natur. Det finns en mycket stor kommunikation som sker i naturen, allt naturen gör är att samarbeta med varandra på ett plan som många av er ej förstår. Ni människor skulle bara veta hur enkelt det egentligen skulle kunna vara om ni insåg hur er natur fungerar och sedan ta efter vad naturen kan lära er om att samarbeta och växa och gro tillsammans.

Följ naturens sätt att leva genom alla era årstider och lär er och förstå naturens gång. Det är då ni kan leva i symbios med det naturliga på jorden och förstå hur viktigt detta är för er levnads skull. Samarbeta och vet att ni alla hör ihop och att ni alla behöver varandra för er trevnad och samhörighet med allt som finns och existerar med och hos er människor på jorden. Se hur naturen samarbetar med varandra.

Välsignade är ni människor med allt detta som givits er. Lär er förstå naturens växlingar och lär er förstå att naturen aldrig vill skada varandra på något sätt. Allt som växer och gror i naturen gör detta för deras samhörighet och för att leva i allt det som är vackert. Naturen kommunicerar med varandra och den energin sprider naturen till all växtlighet och till er människor så ni kan andas in den naturliga renande luften.

Detta var mycket kloka och visa ord till oss människor att ta till oss av, tyckte hon! Vi behöver verkligen förstå hur mycket naturen betyder för oss som sagt och lära oss förstå den. Vi tar naturen alldeles för given och ser inte allt det vackra, istället förstör och skövlar och förgiftar vi den med alla utsläpp från fabriker och liknande, vi tänker inte längre på hur och vad vi gör mot vår vackra planet, tänkte hon! Vi människor behöver tänka om vad gäller miljöförstöringen nu, för det har gått alldeles för långt, tänkte hon vidare!

Hon drömde en natt att hon befann sig i en kristallgrotta djupt inuti en planet, det kändes inte som att det var planeten jorden utan detta var någonstans i en helt annan dimensions nivå. Denna kristallgrotta var fylld av vackra regnbågsgnistrande kristaller där människoliknande varelser levde i symbios med kristallerna och med varandra. Varelserna bestod av gnistrande energi, rena och oförstörda i sin essens av ett liv av ljus och kärlek. Hon var en av dem och hon kände också igen en del av dem som var hennes vänner på jorden, hur hon visste det kändes som en gåta just då i drömmen.

De levde av kristallernas energi som de andades in genom varje del av deras subtila kroppar. Här fanns bara harmoni och en underbar känsla av att existera och leva tillsammans. Plötsligt, i drömmen fick hon en känsla av att vilja uppleva något helt annat för att lära sig andra upplevelser än det hon befann sig i denna kristallvärld. Plötsligt ser hon sig själv som en växt med rötter som sakta växer och gror genom grottans väggar och tak och hon känner och ser hur hon tar sig uppåt som en växt som är på väg att ta sig upp till ytan till en helt annan värld, en helt annan existens av liv, en annan inkarnation.

Efter en mycket mödosam klättring uppåt ser hon ett ljus ovanför sig och i samma stund ser hon att hon har en mänsklig kropp med armar och ben som jobbar intensivt med att kravla sig upp till detta ljus och då precis när hon når ytan och ser ljuset som består av solens strålar så vaknar hon i sin säng och hon känner i samma ögonblick som om hon kämpat hårt för hon ser hur täcket var lindat runt henne som i ett skruvstäd.

När hon vaknat till ordentligt så började hon tänka på vad hon drömt om egentligen. Hon kunde inte låta bli att le åt sin situation där hon låg med täcket lindat hårt runt hennes kropp och kudden på golvet.

Hon tog sig en funderare under dagen om vad denna dröm betydde så hon mediterade på detta för att få klarhet och eventuella svar på vad detta handlade om. Hon ser i hennes meditations tillstånd en liknande varelse som befann sig i kristallgrottan som visade sig för henne och hon insåg att det var hon själv från denna existens som förmedlade vad detta handlade om, detta blev sagt:

Detta var ett av dina liv där du levde bland kristallfolket där det enbart fanns renhet och godhet. Din utveckling då hade fått dig att vilja uppleva en helt annan känsla av varandet. Du vill få en annan sorts upplevelse av liv för att förstå en del av växandet på olika planeter och existenser. Du valde att förändra din kropp och uppleva det som var det motsatta för att lära dig förstå hur växandet kan gå till i de olika liven du upplevt. Du blev påmind om detta genom att återigen se jordens förändring genom jordens årstider av växande och viloperioder.

Du upplevde hur växtligheten tar sig nya existenser av liv på jorden från frön till vackra blommor, träd med mera. Detta kan liknas vid att förändras och att färdas mellan parallella universum som existerar men som ännu inte förstås av mänskligheten. Vart och ett av dina liv är för att lära och begrunda upplevelserna av liv i olika variationer. Din starka känslighet är något du lärt dig genom liven och du känner också kristallernas kraft som du har minnen och upplevelser från dina många existenser. Du är jag, jag är du!

Detta var otroligt fantastiskt att få bekräftelse på, tänkte hon! Hon hade förstått att det finns parallella universum som hon ofta liknade det med att säga, högre dimensions nivåer. Det finns och existerar så mycket på vår jord och universum som vi människor på jorden ännu inte vet något om...ännu!

Detta är något som är mycket svårt för oss att förstå men bara för att vi inte förstår så betyder inte det att det inte finns. Hon ville ha ett öppet sinne för att tänka att allt är möjligt.

Nu vill hon berätta mer om hennes minnen från Atlantis, hon fick mer och mer minnen från flera inkarnationer hon upplevt på Atlantis i hennes drömmar och meditationer. Genom att vi sover så vilar vi och släpper begränsningar och tvivel, hade hon fått veta. När vi sover hamnar vi i ett tillstånd av tidlöshet som tillåter oss bland annat att bearbeta eventuella problem i livet som är just nu men också så kommer minnen fram från olika tidigare liv vi upplevt för att kunna få förståelse för det som sker i detta nu. Vi gör astral resor, anden själen lämnar vår fysiska kropp och vi upplever andra existenser, detta sker även när vi mediterar.

Genom att tiden egentligen inte existerar så kan vi nå dessa minnen och leverne från olika liv vi upplevt. Detta handlar om att vi väcker upp en del av våra koder som finns inom oss som gör att vi börjar minnas sådant som är bra för oss att reflektera över i våra nuvarande liv hade hon fått information om från högre dimensions nivåer. I en period så fick hon en del minnen i drömmarna om just Atlantis som hjälpte henne att förstå livet som hon upplevde här och nu. Hon insåg att det var mycket lärorikt och insiktsfullt att få minnas detta liv på Atlantis för att hjälpa sig själv och få förståelse och andlig utveckling på hennes vandring genom liven, tänkte hon!

Hon mindes en inkarnation hon upplevde i början av Atlantis existens där det var mycket kärleksfullt och att alla hade endast goda tankar om varandra och där det fanns ett gott samarbete med naturen och med djuren och allt som existerade då. Där fanns olika varelser från olika stjärnsystem och planeter som samexisterade i ljus och kärlek och allt var gott, mindes hon!

76

Det var en gudomlig tid av kärleksfullt växande och lärande av att alla hörde ihop, ingen var bättre eller sämre än någon annan. Allt som fanns var kärleken till varandra oavsett varifrån allas ursprung kom från. Det var ett samförstånd till var och en där alla hjälpte varandra med vad det än kunde vara som att odla grödor, ta hand om naturen och sätta värde på allt som existerade och att älska varandras olikheter.

Förmågorna de hade bestod av helande och skapande krafter, de kunde skapa det de behövde för stunden, hon mindes att hon var en man med konstnärliga egenskaper då, han skapade vackra skapelser som hade runda och smidiga former och de användes för att smycka deras hem och tempel. Dessa statyer, former han gjorde bestod av en energi som gav de boende en helande energi när de placerade sina händer på skapelserna och det blev mycket omtyckt vida omkring. De idkade byteshandel med varandra för att på så sett ta till sig av vad var och en behövde. Detta leverne pågick under en lång tid av Atlantis existens.

Nästa inkarnation hon upplevde mindes hon att det byggdes enormt stora tempel och byggnader vilket hon själv var en del i detta byggande som en man. Dessa tempel byggdes för att hedra så kallade gudar och högt stående varelser. Dessa varelser kom från olika parallella universum som började dyrkas av dem som bodde på Atlantis. Det byggdes stora helgedomar till deras ära för att dessa gudomar lärde dem som bodde på denna vackra plats att använda sig av nydanande teknologi som ej funnits tidigare. Det naturliga växandet i både naturen och inom folket blev mer och mer ett minne blott för dem som bodde på Atlantis. Det blev mer och mer ett styrande från de så kallade gudarna som gjorde att folket började känna sig fångna på ett sätt som ej tidigare existerade bland dem.

Det utvecklades ett sorts hierarki inom en del av dem och de började kännas som om all teknologi började ta över för mycket. De önskade få tillbaka sina liv som det en gång var som de mindes från sina förfäders leverne.

Hon fortsatte att minnas vidare att många tyckte också att det var bra med allt det nya, för ett tag åtminstone men folket började känna att de tappade en hel del av de tidigare levernet som följt Atlantis sedan urminnes tider. Det kom fler och fler varelser från universum och existenser som började styra och göra olika experiment med folket på Atlantis för deras egna agendors skull och folket blev mer och mer tyngda av dessa påhopp på deras tidigare sätt att leva och på hur de mindes hur de alltid levt i samförstånd med varandra och med naturen.

Grödorna de odlade hade tappat sin näring på grund av manipulationen som pågick och det goda, kärleksfulla sättet att ta hand om djuren, naturen och sig själva fanns inte längre. De som mindes det tidigare liven på Atlantis blev ledsna och uppgivna av denna utveckling som fortskred på deras levnadssätt. Det blev ett liv för att endast överleva det som skedde vilket gjorde ont i både kropp och själ hos dessa Atlantis bor. Efter tusentals år av detta leverne på Atlantis blev det stridigheter mellan folket och de varelser från andra civilisationer och stjärnsystem som eskalerade, på grund av girighet och osämja. Det bildades olika läger av oliktänkande och ingen av dessa ville ge med sig så kriget blev ett faktum på Atlantis. Detta krig pågick under en lång tid och till slut speglade moder jord detta förstörande leverne på hennes yta med att skapa jordbävningar, vulkanutbrott och översvämningar av stora mått och den största katastrofen blev en översvämning som slukade hela Atlantis existens som sjönk ner i ett av jordens stora hav och försvann för alltid i djupet.

Hon mindes denna inkarnation där hon upplevde att hon sjönk med Atlantis med stor förskräckelse men hon och en del andra lyckades ta sig därifrån och hittade en öppning under havets yta till jordens mitt, en existens som kallas för Agartha. De blev välkomnade in och de började ett nytt liv i denna existens av varandet.

Det kan vara mycket svårt att förstå detta hur tiden fungerade, tänkte hon ibland! Att förstå att vi trots allt upplever alla våra liv vi lever i detta nu, det sägs att tiden inte existerar!? Hon själv tyckte att det var svårt att ta in och komplicerat och obegripligt ibland. Hon fick veta att detta var svårt för oss människor på grund av att vi lever i ett tre dimensionellt liv och därför har svårt att tänka oss detta och att på grund av det så ser vi på tiden som linjärt, dåtiden och nuet och framtiden istället för här och nu..alltid!

Den här känslan att många av oss människor bara vet att vi upplevt andra tider, existenser både på jorden och andra stjärnsystem är mycket starkt, tänkte hon vidare! Detta kan tyckas mycket märkligt men om vi förstår och har kunskaper om reinkarnation så är det egentligen inte så märkligt, vi föds och vi lämnar vår kropp sedan går vi vidare till något annat, någon annan värld av existens för att uppleva och ta lärdomar och växa andligt. Detta är hennes övertygelse om att det är så det går till på vår vandring genom liven!

Hon mindes till exempel att hon upplevt ett liv i Egypten där hon var en av dem från en annan planet, en annan existens från universum. De undervisade folket i Egypten hur dom skulle bygga pyramiderna. De använde sig av en teknologi där de kunde lyfta stora stenar med ljud och ljus. Märkligt, ja men tänk om det finns den teknologin som vi människor inte har en aning om och som vi på jorden inte kan förstå, tänkte hon!

Sedan gjorde människorna justeringar på plats så det blev exakt så som stjärnfolket ville men vad människorna inte visste var att det skedde hemliga byggnationer under pyramiderna. Dessa byggnationer under pyramiderna gjordes av varelserna där hon var en av dem och detta handlade om att dessa pyramider skulle användas som kraftstationer som genererade energi till deras farkoster när det skulle komma tillbaka till jorden utan människornas vetskap.

Märkligt beteende kanske men vad vet vi människor egentligen om vad de egentligen ville med jorden, tänkte hon! Trots att hon var en av dem i det livet så visste hon inte riktigt vad det handlade om men känslan var att det skulle gagna människorna och de skulle hjälpa människorasen när de återvände.

Hon hade också upplevt många liv på jorden som bland annat många indianliv. Liven som indian var mycket känslosamma liv som hon bar djupt i sitt hjärta på grund av att hon mindes när indianfolket blev utstötta ur sitt eget land och sina hem. De fick inte utöva sina ritualer enligt deras tro på den stora anden som är allt som finns, allt som är! Hon mindes också lyckliga liv som indian kvinna som vävde och tillverkade drömfångare och smycken av pärlor och fjädrar med mera. Hon var också en man en jägare i ett annat liv som såg till att det fanns mat som räckte till alla i deras stam. Det var ett liv med kärlek och samhörighet i deras stam. Hennes indian guide som följt henne i detta livet var en av jägarna som försåg stammen med mat och de var tillsammans i många liv som ett indianfolk.

Hon hade också minnen från galaxen Plejaderna som låg henne mycket varmt om hjärtat. Hon blev påmind om detta folket för en tid sedan när hon mötte en stor farkost som landat på en äng på jorden där hon var tillsammans med jordiska vänner.

Det var en mycket subtil händelse men alla kände att de fanns där. Själv blev hon så känslosam när hon såg för sitt inre öga att det kom ut en varelse ur farkosten som hon på något sätt kände igen.

Hon fick hans namn som hon behöll inom sig i hjärtat för det klingade genast som ett igenkännande inom henne. Alla hennes jordiska vänner såg hennes tårar rinna ner för kinderna av ren kärlek. Mycket känslosamt men också ett sorts bekräftelse på att hon befunnit sig i denna galax och att det fanns en samhörighet med varelserna där.

Hon började sakta inse och förstå många av hennes fobier vad gällde vatten och då framför allt haven. Hon mindes från hennes barndom och även en bit in i vuxenstadiet i nuvarande livet att hon alltid var så rädd och skräckslagen för att simma för långt ut i vattnet, hon kände att hon behövde känna och se bottnen när hon badade för hon kände att det skulle rädda hennes liv, varför det kändes så på den tiden visste hon inte. Denna skräckslagna känsla för vatten följde henne hela livet. Hon hade alltid varit en "badkruka" som de andra kallade henne och i vuxen ålder badade hon aldrig mer i sjöar och hav.

Hon hade ett minne från ett tidigare liv i England där hon var en ung pojke som han tillsammans med sin far drev en fiskeflotta. De förolyckades i en storm under ett av deras fisketur där de drogs ner i djupet och drunknade. Hon mindes denna skräckslagna känsla under sitt nuvarande liv och när hon blev äldre kom också dessa minnen från Atlantis undergång där havet slukade hela deras värld, deras hela kontinent. Hon mindes ett av hennes reinkarnation på Atlantis där hon/han hamnade på en klipphylla under vattnet och lyckades hitta en ingång under havet till en helt annan värld i jordens mitt så var skräcken just i detta ögonblicket stor.

Hon/han och några andra individer från Atlantis blev räddade från att drunkna av dessa innevånare på Agartha. Detta är en civilisation som existerar under jordens yta. Där lever olika raser och varelser från olika parallella universum som av olika anledningar valt att förena sig med dessa varelser i deras vackra och kärleksfulla plats som nästintill liknade levernet som på Atlantis forna dagar innan undergången, tänkte hon!

Svårt att tro att det kan finnas en sådan existens under planeten jorden i en parallell dimension!? Ja, men tänk om det är sant! Precis som det finns världar i flera planeter i universum där varelser lever inuti dessa planeter för att ytan på många av dessa planeter ej längre går att leva på och detta på grund av olika anledningar som förstörelser och förgiftningar och kanske också för att skydda sig från andra varelsers elakheter och agendor. Hon hade under en lång tid fått information om liknande saker och börjat förstå att detta är mycket möjligt och detta är vad hon tror och anser, tänkte hon vidare!

Hon tänkte också på att allt detta som sker på jorden nu, är det tecken och varningar på att vi kanske är på väg att förstöra vårt leverne på grund av manipulationer av olika slag från jordiska och utomjordiska makteliter. Detta tänkande gjorde att hon började minnas liv där liknande händelser skett och att detta upprepas nu på jorden under tvåtusen tjugo-talets epok. Vi behöver verkligen säga ifrån till makteliten som styr och manipulerar folket på jorden. Vi människor är starka och intelligenta som ej ska styras och vilseledas till underdånighet och ej visa rädsla inför styrande makter! Många är vi människor som upplevt inkarnationer på Atlantis och sett denna undergång. Starka ord, ja men vi behöver höra detta för vi är människor med stora kärleksfulla hjärtan som vill leva i ljuset för varandra och med varandra på vår vackra planet, Moder Jord, Gaja!

Hon hade under en tid funderat mycket på detta om våra guider och vägledare som följer oss genom liven, hur det fungerar egentligen och vilka de är till exempel! Hon hade under en tid anat att en annan vägledare funnits i periferin runt henne förutom hennes indian guide. Hon hade funderat mycket på vem det kunde vara men inte riktigt fått kontakt med denna guide. Efter alla minnen från Atlantis som dykt upp för henne mycket starkt på sistone hade hon en dröm en natt där en ängel kom och tog med henne till en blommande äng. Ängeln valde en äng för ängeln visste att hon älskade naturen och att sitta vid en blommande äng är så kärleksfullt rogivande för henne. Ängeln berättade för henne i drömmen att hon skulle få veta vem denna vägledare är som skulle guida henne genom livet just nu! Ängeln berättade:

Denna "nya" vägledare var hon själv i en inkarnation på Atlantis!? Där var hon en man med stora magiska förmågor och en kärleksfull barmhärtighet för innevånarna på Atlantis. Han tillhörde gruppen av prästerskapet men han ville inte bli kallad för präst så han utvecklade sitt eget sätt att hjälpa Atlantis innevånare. Han ville inte bli dyrkad av dem för han insåg att alla är lika värda och att alla gör vad som behövs efter egen förmåga och utvecklingsfas. Han var en magiker, det var vad han ville bli kallad för och det gillades inte av prästerskapet men han hade mycket stort förtroende och tillit för den han var och fortsatte hjälpa till med det som var viktigt för dem alla på Atlantis som en magiker.

Förmågorna han hade liknade prästernas men han utövade dessa förmågor från det djupaste av hans hjärta för att visa att kärleken är störst och att alla bär denna kärlek inom sig. Han spred denna kärleks energi till allt och alla som ville ta emot genom att placera sin vänstra hand på innevånarnas hjärta.

På så sätt hjälpte han dem med att väcka denna kärleks känsla till allt och alla. Han arbetade för att befria alla från deras bojor och rädslor och för att inge dem hopp. Han kunde med en stark helande förmåga lyfta av dessa negativa energier som tyngde dem han hjälpte och istället fylla deras hjärtan med förtröstan och kärlek, en metod han var ensam om och som han blev känd för. Detta tyckte inte prästerskapet om att han gjorde för det satte prästerna i dålig dager och de kunde inte längre styra folket på Atlantis.

Ängeln berättade vidare att en del av dessa inkarnationer vi människor upplever var individer som kom tillbaka till oss som vägledare och guider. Genom detta så blir människorna påminda om det som skedde i dessa liv för att få er att förstå vad som är viktigt i era liv på jorden. Ni vägleds av era "allra djupaste högsta högre jagen" på ett plan som kan tyckas svårt att ta till oss men tänk om det är så, något att begrunda över!?

Plötsligt förstod hon en hel del av det som hänt tidigare i hennes liv efter att ängeln informerade detta om vår guider som följer oss genom liven och vilka de är. Hon fick för mycket länge sedan kontakt med den individen som hon kallade "det allra högsta högre jaget" Hon fick mycket information genom de kanaliserade budskap från det "högsta jaget" som finns att läsa om i hennes tidigare böcker. Hon kallade denna individ för Ratisis, hon fick då förklarat för sig att detta var en del av henne som upplevde en del liv som var kopplade till Egypten och en del andra existenser av liv.

Det är den delen som vi kallar för själen men det finns också en del av själen som är så mycket högre än vi någonsin kan tänka oss hade hon fått information om, kanske vi en dag kan väcka upp den kunskapen för att förstå detta, tänkte hon!

Denna del av oss inkarnerar till olika liv, platser och existenser som vill uppleva, utvecklas och växa som ande och få erfarenheter, lärdomar och få förståelse för hur människor och olika varelser kan förstå kärlekens kraft och empati för varandra oavsett var vi befinner oss i universum. Trots att det kan vara svårt att förstå allt detta nu så känns det mycket magiskt och upplysande, tänkte hon vidare!

När hon vaknade upp ur denna magiska dröm så tackade hon ängeln för informationen och hon förstod att tiden var inne för henne nu att få veta detta! För att sammanfatta denna information mycket kort så som hon uppfattade det som:

Genom att vi utvecklas och när minnena väcks till liv om våra inkarnationer från olika civilisationer och existenser så kan vi möta oss själva i en annan form i dessa liv och känna igen den vi var då. Kanske inte i alla liv för att en del av dem vi möter har vi kopplingar till på andra olika sätt precis som det hon kände när hon mötte en farkost där besättningen kom från Plejaderna. Dessa varelser kan då vägleda oss i just detta ögonblicket vi befinner oss i nu och som vi är medvetna om just här och nu. Just nu är vi medvetna om vårt liv på jorden som människa, vår andliga utveckling fortgår som den ska även i detta nuvarande liv. Ditt och allas "allra högsta högre jaget" väljer liv som hjälper "jaget" att få förståelse för vad utvecklingen handlar om själen, anden, jaget vill uppleva det som gagnar den till att nå upplysning!
Magiskt, ja och tänk om det är sant!

Hon mindes en dag för en tid sedan när hon mediterade och upptäckte att det kom en varelse som satte sig i soffan hemma hos henne. Först blev hon något förskräckt över att se detta men varelsen överförde till henne ett enormt starkt lugn och kärleksfull energi.

Han visade sig för henne som en mycket gammal och vis man med gråaktigt långt hår och skägg som nådde ner över bröstet på honom. Genom att han "läste av" hennes energi så visade han sig som en klok och vis man som hon skulle kunna känna igen som en jordisk människa. Detta möte har hon berättat om i hennes tidigare bok.

Namnet hon fick då var Amuru, han var den magiker från Atlantis som hon inte visste då när han kom första gången. Han hade förmågan att byta skepnad efter vad omständigheterna krävde när det behövdes, detta gjorde han även på Atlantis och när han besökte andra existenser, fick hon veta. Hon förstod nu att detta var den "nya" vägledaren som visade sig för henne och hon förstod att det var han som hjälpt henne att väcka upp minnena från Atlantis tider.

Detta gjorde henne så tacksam att ha fått informationen och bekräftelserna om detta. Hon hade haft insikterna tidigare i detta nuvarande liv som människa på jorden om att hon hade upplevt dessa förmågor i andra tidigare liv där minnena väcks upp mer och mer för henne från inkarnationerna på Atlantis. Ödmjukheten och kärleken inför detta var mycket stort för henne och hon började sakta förstå och inse möjligheterna inför att detta kunde mycket väl vara sant, tänkte hon!

Hon hade mycket funderingar på vilka fantastiska förmågor vi människor besitter egentligen, hon tänkte på vår telepatiska kommunikation vi har med våra guider och vägledare från lika dimensioner och framför allt den kommunikation vi har mellan oss människor. Hon har ofta genom livet känt av vad andra tänker till exempel om de ville henne något så visste hon det innan de hörde av sig på telefon till exempel. Vi kan kommunicera med varandra på olika plan, hade hon fått veta och detta är minnen från tidigare existenser vi upplevt.

De gånger när hon pratade med olika vänner som berättade något för henne så kunde hon se händelserna genom inre bilder och på detta viset få en förståelse för vad vännerna berättade om så hon sa ofta att hon förstod vad de menade. Genom att de pratade om händelserna så tog hon emot den energin av det som de berättade om. Hon hade tidigare inte förstått riktigt varför hon kunde se och förstå det som sades men fått insikter om att det är en sorts överföring av telepatisk kommunikation mellan henne och dem hon fysiskt pratade med.
Magiskt, tyckte hon!

Hon kunde även veta och känna av personer som mådde dåligt av olika anledningar eller om en del upplevde något positivt och glatt innan hon samtalade med dem, vilket var mycket förvånande för henne ibland. Men hon hade nu förstått att hon var öppen för det telepatiska kommunikationen som hon kallade för att vara en "mottagare och sändare". Hon kände också av att en del vänner som hon hade en mycket god kontakt med sände en känsla av något till henne och detta hände speciellt med en vän som hon hade en del koppling till från olika dimensions existenser och inkarnationer.

Hon kunde berätta att denna vän till henne också befann sig på Atlantis där hon en dag mindes en episod i början av Atlantis existens. De tillhörde något som kallades kristall folket, deras uppgift var att ta hand om de grottor där det växte kristaller, ametister, fluoriter och fulguriter. Denna fulgurit skapades av att blixten slog ner i marken när det var åskväder och det bildades långa rör i marken som smälte materialet det slog ner i. Namnet fulgurit betyder dessutom "blixt"!
Denna rör liknande sten kan hjälpa oss att få kontakt med andra existenser i universum, hade hon fått veta. Kristall folkets uppgift var att ladda dessa ädel stenar i grottan med en magisk ceremoni.

De skulle stå i en ringformation och de skulle skapa en spiral i mitten av cirkeln, sedan använde de sig av deras förmågor att skapa en frekvens i spiralen med en speciell magisk ton som laddade grottan och ädelstenarna med en energi som spred sig runt om på moder jord, Gaia! Detta hjälpte jorden att behålla sin frekvens, sin energi som bland annat skyddade jorden från yttre strålning från universum och från de eventuella fientliga utomjordiska varelserna.

När hon nu skriver om frekvenser så började hon tänka på de manipulationer vi människor blir bombarderade med från högre världs makthavarna här på jorden och de utanför jorden. Hon tänkte på all det hemlighetsmakeriet vi blir utsatta för är så mycket mer än vad vi vet något om. Detta var absolut vad hon anade som pågick. Vi blir strålade med information genom vår teknologi som våra datorer, mobiltelefoner och Tv apparaterna för att nämna några av dessa teknologiska apparater vi blir matade med att vi inte kan leva utan dessa tekniska saker.

Hon tyckte att det blivit mer och mer av dessa apparater som vi enligt makthavarna måste ha i våra hem och omkring oss hela tiden. Hon hade förstått genom en del källor från högre dimensioner att många av dessa tekniska saker sprider en frekvens som påverkar våra sinnen, tankar på olika plan. Detta känns som om vi blir manipulerade att till exempel köpa saker som vi egentligen inte behöver. Vad tror vi alla människor om detta, kan det verkligen vara så, tänkte hon!?

Hon satte sig ner framför Tv:n en dag för att försöka känna in om något händer med hennes energi. I vanliga fall när hon tittade på Tv:n eller satt vid datorn kände hon att hon knappt kunde slita sig ifrån att sitta vid apparaterna.

Det kändes som att bli fastnaglad, framför allt när hon tittade på Tv-programmen med all dess reklam som visades ofta och mycket. Hon fokuserade vidare på Tv:n och upptäckte att när reklamen visades så var det alltid en sorts musik som spelades i bakgrunden samtidigt kände hon av ett dolt ljud som nästan var ohörbart. Hon blundade och tog in detta ljud för en stund och plötsligt känner hon ett liksom surrande ljud i huvudet och hon får en märklig känsla av att bli påverkad av detta surrande som kändes obehagligt så hon släppte taget om detta experiment och stängde av Tv:n för en stund. Många gånger när hon tittade på Tv:n så somnade hon i fåtöljen och vaknade efter en stund med en overklig känsla av manipulation som påverkade henne på ett märkligt sätt och hon kände att tiden försvann på något konstigt sätt också.

Vad var detta hon upplevde egentligen, tänkte hon! I samma stund kom minnen från Atlantis där befolkningen på liknande sätt blev manipulerade från olika teknologier och från dem som kunde påverka befolkningen med tankekraft. Så hon tänkte, hur kan man skydda sig från denna strålning från alla dessa apparater, då plötsligt ser och känner hon att Amuru från Atlantis som är en inkarnation hon upplevt kommer fram till henne, han sa:

Jag ser och känner dina funderingar kring detta fenomen vad gäller frekvens manipulation. Detta är mycket riktigt det du känner, det finns en makt som utövar sinneskontroll på er människor. Det du tonade in på gjorde dig påverkad av ett slag som ej många förstår och känner av och jag vill säga att det är vad som pågår bland er människor på jorden för att styra er till underkastelse. Dessa sinneskontroller över levande varelser var vad som hände även på Atlantis som du minns en del av.

Detta kontrollerande på olika sätt och teknologier på jorden påverkar även moder jords natur, vädret, haven, djuren och flodernas flöden precis som makthavarna och de utomjordiska varelser gjorde på Atlantis. Detta kan bli förödande för er människor, detta var exakt vad som skedde på Atlantis tid. Du har upplevt denna undergång på Atlantis och många med dig och du känner nu en förskräckelse att det ska ske igen i ditt nuvarande, medvetna liv.

Men räds ej människor, för detta spär på maktelitens kraft så tillåt er icke att gå in i deras fälla som handlar om att skrämma och göra er rädda på olika sätt. Gå in i era hjärtan och känn kärleken som är den starkaste kraft som finns inom er och känn styrkan inom er och känn och se hur era skyddsänglar finns i er närhet och ger er styrkan för att stå emot rädslan. Änglarna finns alltid där när ni ber dem om hjälp.

Ett annat sätt att skydda er är en metod där ni höjer er frekvens, er energi genom att känna att ni inte tar emot av denna sinnes och tankekontroll utifrån. Ni kan också skapa er en sfär, en parabol liknade energi framför er "ej att förknippas som era Tv-paraboler som tar emot strålningen till era apparater"! När ni sitter vid era tekniska apparater så föreställ er att denna strålning, denna manipulations frekvens som kommer från apparaterna studsar och reflekterar tillbaka till sändarna av sinneskontrollen. Detta kan hjälpa er att inte ta emot denna kontroll över er, detta lärde jag också ut på Atlantis, minns detta att det var vad vi gjorde då! Hon tackade så innerligt för detta budskap och hon började sakta minnas en del av detta hon gjorde på Atlantis. Det kan vara mycket svårt för många människor på jorden att förstå att detta verkligen sker men de människor som minns sina liv på Atlantis kan verifiera att detta har hänt och kan hända igen. Ännu en märklighet, ja men som hon brukade säga, tänk om det är sant!

Hon tyckte att hon fick uppleva så mycket "konstigheter" i en period i livet, tänkte hon! En dag när hon mediterade kände hon en sån aktivitet ovanför sitt huvud, det kändes som om någon, något rörde om en energi på huvudet. Hon kunde mycket tydligt känna att något hände både fysiskt och energimässigt på hennes kronchakra. Plötsligt kände hon en känsla av att något liksom sprack uppe på huvudet och det lät som ett dovt "plopp" (precis som när man drar ur en kork ur en flaska för att nämna ett liknade ljud som hon kunde känna igen) på huvudet!?

Hon blev en aning rädd först när det hände för hon hade aldrig varit med om något sådant förut. Hon fortsatte att vara i meditations tillståndet och hon frågade i meditationen om vad detta var som hon upplevde. Plötsligt ser och känner hon sin skydds ängel komma fram till henne och som vanligt blev hon mycket lugn och trygg inför ännu ett möte med en ängel. Ängeln sa:

Jag hälsar dig återigen mitt barn av jorden! Det du upplevde var en öppning av ditt kronchakra. Denna öppnings ceremoni hjälpte vi till med så du behöver inte känna någon rädsla inför denna förvandling. Detta betyder att du har öppnats upp för att ta emot mer upplysning om det som är och det som sker och har skett. Det du berättar om i skrift är ett uppdrag du fått från högre dimensioner för att sprida att allt är möjligt för er människor och att en del av sanningarna kommer fram i dagen för er människor för att förstå er själva bland annat.

Du har under en tid börjat minnas en del av dina inkarnationer från bland annat Atlantis och detta kommer att hjälpa dig mer och mer med din andliga förståelse om vad som sker och du får många insikter om vem och vad du är och vem och vad ni människor är på jorden.

Ni är mycket starka individer och ni kan lära er att stå på egna ben och inte tillåta er att bli styrda och manipulerade av överheten som inte vill att ni ska veta och förstå vad som pågår.

Släpp rädslorna och minns vilka ni är och detta är vad som sker med dig, i detta nu! Föregå med gott exempel, som ni brukar säga till varandra och visa att du inte följer makteliten genom att underkasta dig och visa rädsla. Desto fler ni människor visar styrka och kärleksfullhet till varandra desto mer sprider sig denna känsla av samhörighet och trohet till er fortsatta leverne på jorden i samförstånd och förståelse med och till varandra!

Hon sände en stor tacksamhet till dessa ord hon fått till sig och till oss människor på jorden! Magiskt vackert och insiktsfullt och upplyftande ord, tänkte hon!

Hon hade ofta fått budskapet om att hon och alla vi människor ska veta vilka och vad vi är, tänkte hon! Hon hade under en lång tid förstått att vi är så mycket mer än vi någonsin trott om oss själva så hon bestämde sig för att meditera på detta för att få något svar på hennes funderingar. Hon satte sig i fåtöljen med en förhoppning om att få kontakt med sina vägledare som kanske kunde ge henne en förklaring om vad detta menades när hon så ofta fick detta budskap om vem och vad vi människor är!? Hon slappnade av och förändrade sin energi till att stänga av alla ytterligheter omkring sig för att hamna i ett djupt meditations tillstånd.

Hon kände och såg hur hennes vägledare kom till henne och de var flera än hon visste om, det kom guider från långt bortom tid, rum och existenser. Plötsligt ser hon att hon befinner sig i en stor farkost med stora fönster och hon såg då att hon inte längre befann sig på jorden för hon såg planeten jorden genom de stora fönstren från universums perspektiv.

Hon blev överväldigad av att se jorden från detta perspektiv och se hur vacker och inbjudande vår planet ser ut. Allt det vackra blå och gröna och de vita molnen som hon såg ovanifrån gjorde henne hänförd av att se vårt hem, planeten jorden. Hon tänkte för ett ögonblick, hur länge kommer jorden att få se så vacker och ren ut innan vi människor förstör vårt hem för alltid!

Plötsligt får hon höra att hon skulle få färdas genom rymden till andra bebodda planeter och galaxer och i samma stund ser hon hur väggarna, taket och golvet i farkosten blev osynligt så hon kunde se runt om i universums enorma värld. Hon tyckte det var lite otäckt först, det kändes som om hon inte hade något fast att stå på men hon blev lugnad att detta var inte farligt, golv, väggar och tak fanns kvar men för att hon skulle få se ordentligt så gjordes det osynligt. Magiskt fantastiskt att de kunde göra så, tänkte hon som hastigast!

Hon ser sen vidare att de färdas genom portal liknande tunnlar med en hastighet som inte fanns i vår värld på jorden. Hon ser och hör Amuru som talar till henne att de ska ta henne till olika planeter och galaxer för att visa en del av de platser som hon själv och många andra människor upplevt tidigare liv och var vi människor ursprungligen kommer från. Han förklarar att han säger "tidigare" liv för att det blir lättare för henne att förstå detta med tiden. Hon blir visad planeter och existenser hon aldrig hört talas om som vi människor upplevt många liv på och där vi har anor från i våra allra innersta delar av våra kroppar som ligger latenta som sakta börjar väckas upp inom oss. De färdas vidare genom portaler, genom tid och rum och bortom det som inte syns! Sedan börjar Amuru berätta vilka och vad vi är som människor på planeten jorden och hur vi kom till från den allra första dagen för att befolka jorden.

Ni människor är en produkt av flera olika individer från olika existenser som ville se att denna vackra planet jorden skulle befolkas av kärleksfulla och intelligenta varelser för att skapa en harmonisk värld där befolkningen skulle leva i kärlek och ljus med varandra. Detta skapande pågick under en mycket lång tid för att anpassa varelser som kunde leva av och med jordens tillgångar. Det blev många misslyckanden under tidens gång med olika experiment för att hitta det som idag kallas för homo sapiens som är ni människor nu.

Slutprodukten blev ni som lever på jorden idag och meningen var att ni skulle leva tillsammans med varandra i ett harmoniskt och kärleksfullt liv och använda er av de krafter och förmågor som skapades inom er och med er fria vilja så skulle ni välja ljuset och kärleken tillsammans. Men det blev som ni vet i dagens existens att under tidens gång på jorden så blev ni manipulerade att glömma era förmågor för att styras av en del utomjordiska individer och från de som valde att ta makten från er på jorden och ni tillät detta att hända.
Känns detta igen!?

Ni människor är multidimensionella varelser som kommer från olika delar av universum. Ni befinner er fortfarande i er del av universum, denna gång på planeten jorden. Ni har stora krafter och förmågor inom er som ni ej längre minns. Ni kan med er kraft förflytta er till olika planeter och dimensioner som ni gör till exempel när ni mediterar, genom att tänka och uppleva att ni är där. Ni har krafter som kan förflytta berg om ni så önskar det, kan ni förstå det!? Inom er finns koderna från andra existenser i era DNA-strängar som kan väckas upp för att få er att skapa era liv så som ni önskar och detta har ni använt er av som varelser på andra planeter. Ni har inom er så mycket kärleksfull kraft att använda er av men, nu kommer jag till kärnan av denna berättelse.

94

Genom att ni människor just i detta nu befinner er på jorden som tillhör de planeter som är till för lärdom och förståelse för vad livet kan handla om. Ni som befinner er på jorden är här för att känna på hur det är att vara begränsade, att inte kunna använda er av de förmågor ni har och detta på grund av att ni blivit manipulerade och förda bakom ljuset från de styrande makthavarna som vill styra er till lydnad. Om ni minns era krafter och tar tillbaka dessa igen så kan ej någon styra er som det sker på jorden nu med deras skrämsel taktik till exempel. Detta är vad ni har fått lära er som människor och det är också en erfarenhet att lära sig förstå. Ni har blivit "reducerade, förminskade" till individer som inte kan annat än lyda och era DNA- strängar har också "reducerats, förminskats" till att inte användas fullt ut.

När ni börjar minnas återigen vilka ni är så kommer ni inte längre att vilja bli styrda utan ni kommer att minnas er styrka och känna hur era hjärtan öppnar upp sig mer och mer. Ni kommer att förstå er själva, ni kommer att veta och känna er värdighet som individer med kärlek i hjärtat och ni kommer aldrig att vilja skada er själva eller andra medmänniskor. Tro på era förmågor, det är inte inbillningar när ni upplever något som känns magiskt och otroligt som era telepatiska förmågor eller att ni kan skapa era skyddsnät omkring er eller när ni känner att ni bara "vet" saker och ting. Det är mycket troligt att det ni upplever är sant så lita på er som kärleksfulla magiska varelser och använd er av de krafter som ni har inom er.

Men, här kommer också ett varningens ord! Om ni använder förmågorna, krafterna på ett egoistiskt sätt för att gagna er själva eller skada någon annan för er vinnings skull så vet ni att denna energi kommer tillbaka som en "studs boll" på ett eller annat sätt som ni ej kan förutse och det ni gör skadar er istället och detta kan ingen skydda sig ifrån.

Det är just detta som en del människor utövar och gör mot varandra men räkenskapernas tid kommer förr eller senare. Om ni är fullständigt ärliga och använder krafterna för kärlekens skull så som ni upplevt på många andra existenser så blir det ett underbart leverne för alla människor på jorden. Kan ni lära er detta!? Vi tror på er människor och vi har tillit till att er utveckling kommer att ge er det ni behöver av kärlek och ljus förr eller senare!

Vi vet att ni på ett plan har blivit stoppade att använda er av era krafter och förmågor för att ni inte ska kunna "sätta ner foten" som ni brukar säga, för att om ni skulle minnas era krafter så skulle ni säga "stopp" nu räcker det med manipulationer, styrningar och hemligheter som förs mot er människor. Många av er, tillika skrivaren av böckerna har kommit tillbaka från bland annat Atlantis tid på jorden för att på olika sätt göra era röster hörda. Minns att ni har en sång i era hjärtan som kan göra fantastiska underverk"eller kanske vi ska säga öververk" för er fortsatta liv som människor på jorden. Ni kan se "över" allt detta som sker hos och med er människor och tillsammans kan ni "vända på steken" och hjälpa varandra att minnas vilka ni är och vad ni kan åstadkomma. Vi är många som vakar över er människor på jorden och vi har kommit till er hjälp, mer än ni någonsin tror så har vi ingripit, trots er fria vilja!

Hon tackade återigen för dessa kloka ord och budskap som hon ännu en gång fått och som vanligt blev det mycket att tänka och fundera över.

En dag när hon satt vid datorn så får hon plötsligt en känsla av en närvaro så hon fokuserar på denna energi och känner att det är en del av hennes vägledare och de varelser som fanns i den farkosten som hon fick färdas med i universum.

Hon stillar sig och går ner i ett trance tillstånd som så många gånger tidigare. Hon tar emot dessa varelser och hennes vägledare med öppet hjärta och hon förstår att de vill berätta något för henne. De sa:

Du är ett av våra barn på jorden som vi vill delge en berättelse om de inom jordiska varelser som existerar bland er människor på och i moder jord, Gaia. Vi vet att du har berättat om detta tidigare men vi önskar repetera detta för mänskligheten för att ni ska få förståelse för att ni inte är ensamma varelser som finns på jorden. Det har många gånger berättats om Agartha, en civilisation som valt att leva ett under jordiskt leverne.

Där existerar det mesta som ni har ovan jord, de odlar sina spannmål under jordens yta som ni gör ovan jord och de har ett ljus, en annorlunda sol. Människorna ovan jord experimenterar med olika tekniker för att kunna odla grödor utan er stjärna, solens strålar och det har forskarna ovan jord lyckats med precis som varelserna under jord. Där existerar även en mycket vacker natur som får näring från deras "solljus". De har inga bekämpnings medel eller gifter av olika slag som ovan jord.

Där har alla och en var sina förmågor som de delar med sig av för att hjälpa varandra för att leva i harmoni och samförstånd. Där lever också djur och boskap av olika slag och även en del djur som ej existerar ovan jord som till exempel enhörningar och drakar med mera. Låter det som en saga för er människor, ja vi förstår att ni människor ovan jord har svårt att förstå detta men ändock så existerar detta.

Dessa varelser som lever under jordens yta är medvetna om det som finns ovan jord. Detta liv i Agartha har ett mycket kärleksfullt leverne och de vill ej beblanda sig med det som finns ovan jord.

Nu till det mindre positiva som också existerar under jord är att en del varelser som ej tillhör det goda som kommer från andra utomjordiska existenser också har sina tunnlar där de gömmer sig och där de har sina experiment med jordens tillgångar av olika slag som kanske ej direkt är till gagn för jordens befolkning. Där har även människor beblandat sig med dessa utomjordiska varelser och byggt underjordiska laboratorier där de experimenterar med bakterier och virus och även med människors och djurs DNA:n och för vilken anledning är svårt att förstå även för oss.

Människor har rapporterat att de har sett märkliga djur ovan jord som ej passar in på de djur som finns på jorden. Detta är den del av existenser som ej är naturliga på något vis utan de är experiment som skapats i de underjordiska tunnlarna. Varför pågår detta, frågar vi oss!? Till vilken nytta för människorna sker detta egentligen? Detta är de negativa aspekterna av vad som också händer under jordens yta. Vi berättar om detta för att vi önskar att ni människor ska få veta vad som pågår på och i jordens sfärer och detta är vad många mästare från högre dimensioner som federationen av ljuset vill få er att förstå detta som hålls hemligt för er på jorden.

Det existerar öppningar till dessa tunnlar i jordens grottor som mycket skickligt har dolts för obehöriga. Svårt att förstå att detta händer, ja det kan det vara för en del av er men ändock så pågår detta hos er människor på och i jorden.

Hon tackade för informationen från vägledarna och hon visste och hade anat att detta sker men trots det tyckte hon att detta var mycket otäckt att ta till sig av men som hon brukade säga...tänk om...det är sant!?

Hon kunde känna igen mycket av det som har blivit förmedlat till henne under åren och hon kände att hon hade utvecklats andligt och personligt oändligt snabbt under den senare delen av hennes liv på jorden. Hon kände att hon var en helt annan människa nu på äldre dagar. Hennes energi hade förändrats totalt under åren som gått sedan barnsben.

Hon visste att hon fått så mycket hjälp med utvecklingen genom att vara öppen för den undervisning, som hon vill kalla utvecklingen för, från många av de kanaliserade budskap hon fått och att hon har haft modet och öppenheten för att ta emot undervisningen. Hon kände också att hon har utvecklat en stor förlåtelse känsla och en stor empatisk förståelse känsla till det som händer i livet som är nu. Hon kände att hon inte längre kunde hålla kvar bitterhet och ledsamhet och oförstånd längre så hon kunde mycket lättare förlåta och förstå de människor och de händelser genom livet som hon har burit på genom att förlåta och sedan gå vidare.

Även att släppa på egot som vi människor har inom oss i olika grad är en stor utmaning för oss alla och detta jobbade hon också på att släppa så mycket som möjligt. Alla har vi ett ego i olika utsträckning, andra mer och andra mindre, ansåg hon! Genom att utveckla och öppna sitt hjärta har hon en förståelse för vad andra människor går igenom i livet. Många är det som inte förstår vad de gör och kanske inte vill förstå och dessa ord som någon en gång för länge sedan sa "förlåt dem för de vet icke vad de gör" tänkte hon på i olika situationer som hände henne. Det sker och har skett många händelser som har varit och är svåra att förlåta genom mänsklighetens leverne på jorden förstås. Det hon försökte göra i dessa situationer var att hon inte skulle börja känna hat inför de individer som utövade de hemskheter de gjorde och inte fokusera på detta.

Men för den skull inte glömma men försöka gå vidare med vetskapen att de individer som har valt mörkret och agerat efter det så kommer konsekvenserna oavsett vad vi väljer förr eller senare, tänkte hon! Det pågår en kamp mellan mörkret och ljuset på många olika plan och för henne är det ALLTID ljuset som kommer först, för det är vad hon väljer!

Ibland kommer händelser i våra liv då vi inte riktigt vet vad och hur vi ska lösa våra problem och då kommer grubblerierna om situationen att eskalera. Många gånger under dessa tillfällen gör grubblerierna oss extra oroliga och vi finner inte en lösning på det på grund av oroligheterna och rädslorna, detta kände hon mycket väl igen när dessa tankar kom fram. Under livets gång så har hon lärt sig att bemästra dessa orolighets tankar och funderingar. Hon fick detta budskap för en tid sedan som gav henne tips om hur hon skulle hantera dessa oroligheter och ångest liknande känslor som dök upp ibland på grund av olika situationer. Det var änglarna som manifesterade sig för henne när hon intensivt bad om hjälp. Änglarna sa:

Vi ser och känner din frustration om det som händer med dig i dessa stunder som gör dig orolig. Vi ber dig att ta djupa andetag för att stilla dig så att dina tankar får ro, det finns alltid lösningar på problemen som dyker upp för er människor. Under frustrationens gång blir det svårt för er att finna denna lösning för att sinnet fastnar i rädslorna och hela er kropp stelnar till, på grund av det kan inte lösningarna manifesteras fram till er. Känns det igen!?

En metod är för er att slappna av och be oss änglar, guider och vägledare att hjälpa er med eventuella lösningar genom att stilla er så att vi kan nå er bättre på det viset. Innan ni somnar på kvällen be då om hjälp att släppa frustrationen för att på det sättet finna en lösning på problemen.

När ni lyckas med detta så kan känna på morgonen när ni vaknat att ni har fått kontakt med era "allra högsta högre jag" och era vägledare som visat er hur ni bör tänka och då kan lösningarna för er manifesteras på ett avslappnat sätt. Det är på grund av stressen som gör att ni inte ser vad som är den lösning som trots det alltid finns inom er i dessa situationer.

Kom också ihåg att det som sker i dessa situationer är på ett plan lärdomar för er att ta till er och trots det så är allt som det ska. Detta är också lärdom att ha tålamod när dessa saker händer och veta att lösningarna är värda att väntas på för det kan bli bättre än ni någonsin trodde när svaren kommer fram från ert innersta väsen så varför oroa er egentligen!? På detta sätt så kan ni se, känna och veta hur ni löser era problem utan frustration och rädslor.

Många gånger tror ni människor att ni inte kan släppa på rädslorna men, varför inte prova något nytt i era liv och lägga rädslorna åt sidan genom tankekraften som ni har inom er, för att om ni inte försöker så kan ni inte veta om det fungerar för er. Där har ni människor en bra metod på att finna ett sätt att lösa era problem. Rädslorna på olika plan är den känslan som "sätter käppar i hjulet" för er och bromsar era förmågor. Kom också ihåg att alla förändringar som sker med er och som ni går igenom är i slutänden positiva för er. När ni förändrar er så kommer ni att se, känna och veta att ni klarar av situationerna som dyker upp framför er på ett lättare sätt för att kunna hantera detta. Vi är med er i alla situationer och dagar!

Hon mindes detta budskap hon fick för länge sedan som hon skrev ner för att ta fram och läsa närhelst hon behövde bli påmind om detta. Hon kunde hantera dessa situationer av rädsla baserade tankar bättre på äldre dagar och känna tillit att allt löser sig på bästa sätt.

Ibland kände hon sig annorlunda än andra människor omkring henne. När hon till exempel pratade om det hon trodde på om livet och om det som har hänt och det som händer på jorden, att de som lyssnade inte tog till sig av det hon berättade utan de liksom tystnade och besvarade inte hennes påståenden och de började istället prata om något annat. Hon hade fått information från hennes vägledare och från hennes "allra högsta högre jag" att hon inte behövde vara som alla andra människor utan hon skulle vara den hon är och lyssna till hennes sanna känslor och veta att hon är lika perfekt som någon annan människa.

På ett plan visste hon att genom att vara den ljusarbetare på jorden så hade hon kunskaper och minnen från olika existenser som hon tagit med sig tillbaka för att leva på jorden som människa igen. Hon försökte att se på allas olikheter och se ljuset inom alla individer och se ljuset inom henne själv. Hon var så tacksam för alla händelser i liven hon upplevt som tagit henne till det hon är och hon var också så tacksam för allt hon lärt sig som människa på jorden.

Ibland kunde hon trots all tacksamhet känna att det var svårt för henne att prata om hennes känslor och tankar med andra människor för hon kände att de inte förstod henne. Hon hade en mycket fin vän som hon kunde prata med om dessa tankar och känslor som förstod henne och det kändes bra, tyckte hon!

Hon visste att hon hade ett gott hjärta och hon visste att hon kunde visa och ge kärlek till andra människor trots att de på något sätt var avvikande mot henne och som faktiskt hjälpte henne att släppa rädslorna inom henne. Hon försökte alltid att se och känna andras inneboende kärlek och se det bästa inom dem så mycket hon bara kunde.

Hon visste också att de sanna, ärliga och välmenande vänner hon hade stannade kvar med henne oavsett vad som hände dem emellan, tänkte hon vidare! Att vara sig själv och icke döma andra för vad de är kan vara en utmaning för alla att lära sig, tänkte hon!

Hon satt en dag och tänkte på det som hon skrivit i denna bok, hon tänkte att det var budskap och information som var både upplyftande och positivt men också något som var tungt och mindre positivt. Trots det ville hon inte vara utan denna information som hon fått för det har gjort att hon inte kan blunda för det som händer hos oss på jorden. Hon trodde helt och fullt på dessa budskap hon fått för att förmedla till andra människor för hon ansåg att detta måste vi på jorden få vetskap om, även om en del människor inte vill tro eller ta till sig att det ligger till på det här viset som sagts genom budskapen.

Hon hade så många gånger fått svar på hennes böner i både kanaliseringarna, meditationerna och i hennes drömmar. Hon hade också börjat minnas en del av hennes "tidigare liv" eller som hon fått information om att det är "samtida liv" det som känns "verkligt" är det liv som vi är medvetna om, det liv som vi känner av här och nu, hade hon fått veta!

Vi behöver se tecknen som visas för oss människor som kommer från många olika håll för att vi ska vakna och minnas våra inneboende förmågor och börja manifestera dessa med tankens kraft. Det är då vi kan förnimma och känna av alla dessa mirakler som faktiskt sker med oss människor. Vi behöver öppna upp oss och lyssna till vår inre röst som vill uttrycka vår sång och känna att vi är välsignade med så mycket gott som vi har inom oss och även lyssna till de skydds änglar som alltid är oss nära.

Vi kan kalla på våra skydds änglar närhelst vi behöver hjälp av olika anledningar. Vi behöver också fokusera på det som gör oss gott och veta att vi är starka tillsammans och att vi engagerar oss till våra livssyften som är att visa och vara kärlek. Vi ska även följa våra drömmar och veta att vi kan uppnå det som är bra och utvecklande för oss människor. Vi får alltid hjälp och support från våra vägledare som visar vägen för oss när vi tappa fokuset på livets väg.

Det är också bra att vi lär oss att förlåta oss själva och andra oavsett vad som skett mellan oss och mellan varandra, genom denna förlåtelse så växer vi andligt och personligt till kärleksfulla individer. Vi kan be om helande av våra "sår" så att de läker oss till förstående människor och som gör att vi kan hela andras "sår" till försoning mellan och för varandra. Det är också ett helande att vi lyssnar till varandra och verkligen hör vad som sägs från hjärtats innersta vrå. Det är då vi kan slappna av och veta att vi samarbetar med och för varandra.

Vi har krafter som vi ej riktigt förstår, förmågor som vi behöver minnas och ta tillbaka och dessutom så är det viktigt att vi släpper på en del av våra förutfattade meningar om det som är. Kärleken är det viktigaste vi ska fokusera på för att må bra tillsammans och ha tillit att vi blir gudomligt vägledda på vår väg i livet. När vi känner att vi nått den känslan av frid och harmoni så kan vi börja fira detta med att sprida denna känsla till vår omgivning på jorden.

När den tiden kommer för oss att vi vet vilka vi är så kan vi ta emot av det vackra kärleksfulla från vår omgivning, det är då vi inspireras att skapa det som är gott för oss och då möter vi nya vänner att umgås med i frihetens sfär. Det är också då vi möter själar som vi har en tillhörighet med från andra civilisationer och från våra "samtida" liv.

Det är då vi uppnår en ny tid för oss på jorden och det blir ett överflöd av kärlek och ljus. Vi kommer att leva i vår egna sanning och känna att vi fullbordar våra liv i samklang med varandra och med naturen och i en lekfull känsla med vår barn. Vi börjar lita på oss själva och andra och acceptera varandras olikheter och hudfärg och tillsammans växer och lär vi oss av varandras olikheter.

Vi börjar att bättre ta hand om våra kroppar och om vår inneboende styrka och vi börjar känna oss jämn bördiga och balanserade med varandra. Våra intentioner om att vi behöver ta hand om varandra och leva tillsammans kommer att bli precis så som vi var ämnade för från den allra första början av liv på jorden.

Detta är hennes tankar och förhoppningar om vad vi skulle kunna uppnå tillsammans på jorden vi människor. Skulle vi kunna det och kommer det att bli så, tänkte hon vidare! Ja, det ansåg hon att vi skulle kunna men då behöver vi förändra vårt beteende mot varandra och bli bättre människor och öppna våra hjärtan och fylla oss med empati, förståelse och kärlek! Önsketänkande allt detta, ja men hoppet finns alltid kvar inom henne och kommer alltid att finnas i hennes hjärta!

Här hade hon tänkt avsluta denna berättelse för denna gång för det kändes för henne som att hon hade berättat det som hon skulle för stunden "eller som hon tidigare fick veta att det var ett av hennes uppgifter på jorden" att skriva ner erfarenheterna och händelserna hon upplevt som hon själv tyckte var utvecklande för henne för att förstå sig själv. Hon hade också en förhoppning att fler människor skulle känna och förstå deras förmågor som alla bär inom oss och tro på dessa krafter vilket hon själv försökte lära sig att förstå om sig själv genom alla "samtida" liv!

I samma stund hon tänkte dessa tankar känner hon återigen en närvaro av någon. Det är hennes indian guide som ville göra sig hörd, denna guide har följt henne i många liv och existenser. Hon kallade hennes indian guide för "Black Wolf" för han visade sig alltid i en svart vargs päls som han bar runt sin kropp med vargens huvud över hans fjäder prydda huvud. Denna svarta varg hade givit honom sitt liv för att han skulle manifestera vargens kraft och styrka och på så sätt föra vargens ande vidare i hans liv. Vargen var dessutom hans, tillika hennes kraftdjur. Han sa:

Jag ser och känner att du tvekar om du ska tillåta dig själv att sprida dessa ord som du skrivit ner för andra att läsa och du oroar dig för vad de ska tänka om dig som människa och person. Jag säger dig detta att ha tillit och låt ej negativa energier bromsa dig i denna din uppgift. Gör en rökelse ceremoni med salvia och böner att ge dig din styrka tillbaka och tillåt ingenting att få dig att tveka inför denna din uppgift.

Vi i det "Äldre Rådet" stöttar dig att föra dina andliga gåvor vidare till dem som vill ta emot. Moder jord ger dig de styrkor och krafter du behöver så gå ut i naturen och bli ett med naturen. Det finns en "eld" inom dig som "brinner" för att mänskligheten ska vakna upp och inse vad som pågår, med och hos er. Dansa och sjung och gläds åt livet som naturen som dansar för vinden i glädje att finnas till.

Vänd dig mot väderstrecken och hylla och ära dess krafter och känn dig fri att följa ditt hjärta. Använd de magiska fjädrar du har omkring dig i ditt hem och låt fjädrarna sprida ditt hjärtas vackra sång till moder jord. Var stark att stå emot det som vill hindra dig och lura dig på olika sätt så att du börjar tvivla på dig själv.

Du har lyssnat till det du har blivit kallad till att utföra, du är en "storyteller" en "sagoberättare" som sprider kunskap och kärlek. Gör offer ceremonier som jag sett att du gör redan med att sprida örter och frön när du är i naturen som ett tacksamhets ceremoni inför att få vistas i naturen som ger dig så mycket frid och harmoni. Du har helande förmågor som gör ibland att du känner människors och naturens sårbarhet, detta är mycket magiskt och utvecklande för din själ och ande.

I dina drömmar upplever du resor inom dig själv och du lär dig förstå vad livet handlar om och du blir förd till olika existenser för att hämta kunskap, kraft och styrka och du får minnen tillbaka som legat latent inom dig från en del av dina "samtida" liv. Du lär dig förstå vad ni människor är och vad ni är. Gå ut i naturen och lyssna till naturens ljud och sång som är ett levande väsen som talar till er människor, ni behöver bara lära er att lyssna.

Gå ut när det regnar och låt regnet strila ner över kroppen som en renings process och var tacksamma för naturens växlingar. Var tacksamma för allt det vackra ni ser på er vandring i naturen och på livets väg. Alla årstider bär på budskap till er att ta till er av om ni bara lyssnar och ser. Se på era hav och floder som flödar för er skull och lyssna till vågornas brus. Andas in den friska luften och vet att denna luft ger er liv och andhämtning.

Ni människor har en krigares hjärta inom er som vill bevara allt det vackra omkring er. Gör som dessa magiska örnar och kondorer som svävar över er som ser på allt som sker från ovan ner på jorden. Slå ett slag på trumman och lyssna till rytmen som på ett magiskt sätt slår samma takt som era kärleksfulla hjärtans slag och vibration.

Ni gör alla en resa genom tid och rum och genom era "samtida" liv för lärdom och förståelse för att söka er livs uppgift. Människor på jorden...var tacksamma för livet och allt det vackra som moder jord och fader himmel ger er trots att det pågår förstörelser på många sätt såsom er värld ser ut just nu och såsom er värld behandlas. Bevara allt det vackra för er människors fortsatta leverne på jorden.

Hon tackade sin indian guide som tillhör den grupp av mästare de "Äldre Rådet" för detta budskap. Hon tänkte precis avsluta skrivandet när hon plötsligt känner änglarnas energi så hon tillåter hennes skyddsängel komma fram som vill förmedla ett budskap, det skulle bli några upprepande ord innan hon avslutade denna bok. Ängeln sa:

Vi ser att du ibland tvivlar på dig själv emellanåt men låt ej detta sänka din energi, tillåt dig själv att se och visualisera situationer i ditt liv och verkligen tro på dig själv och att allt sker som det ska. I dina svåra stunder, tillbe oss, dina skyddsänglar om hjälp och ge oss tillstånd att hjälpa dig genom svårigheterna så att du ser svaren på det du behöver hjälp med. Det är viktigt att du släpper taget om det du inte längre behöver och att du har tillit till vad det är du behöver släppa.

Det är på det viset du kan fylla dig med ny energi som hjälper dig att förstå och veta ditt syfte av att vara en människa på jorden. Alla människor har ett syfte, en inneboende plan för detta medvetna liv ni lever i just nu. Hedra dina värdefulla värderingar och din inre kunskap och vetskap om att det du gör är rätt för din andliga utveckling. Du har svaren inom dig i ditt hjärta precis som ni alla människor har, så öppna era hjärtan och sök svaren inom er och var redo för att ta emot svaren på ett kärleksfullt sätt.

Relationerna kring dig med andra människor som du upplevt på olika sätt förändras på grund av att din känslighet har ökat och du förstår att allt är förgängligt och att nya människor och händelser kommer i din väg och det är precis som det ska så ta emot av det nya energierna som du blir mer och mer medveten om. Byt ut smärtorna och de gamla energierna från din kropp och ditt sinne och ta emot det nya med frid i hjärtat.

Det du skrivit ner på pränt har hjälpt dig att förstå dig själv och dina tankar och funderingar om det som skett i dina "samtida" liv och på det viset har du släppt en hel del av dina rädsla baserade energier. Be oss änglar om hjälp när du känner att destruktiva mönster uppenbarar sig för dig och tillåt dig icke att sjunka ner i rädslorna som sveper över dig ibland när minnen från tidigare förhållanden och händelser dyker upp för ditt inre.

Detta är prövningar för dig att ta till dig och lära dig av för att sedan kunna förlåta situationerna och gå vidare på din väg genom liven. Kom också ihåg hur och vad du tänker om dig själv och det som sker i ditt nuvarande liv, tänk kärleksfulla och positiva tankar så sprider du den energin runt omkring dig i din omgivning.

Ditt starka band till moder jords natur och dess underbara vackra väsen är också ett av dina livssyften att bevara precis som ditt syfte är att vara en ljusarbetare bland andra likasinnade på jorden som är att visa kärlekens kraft till varandra och naturen. Du ser och förstår med ditt inre öga och detta hjälper dig med ditt helande och kan därmed hjälpa dig att ge vägledning till det som behövs. Vi ger dig budskap och gudomlig vägledning när du som bäst behöver det och när du ber om det. Du känner och vet när vägledningen når dig och vi känner av din tacksamhets känsla du sänder till oss änglar.

Det är viktigt att du känner dig trygg och älskad i din kraft och i ditt sätt att vara och i din andliga utveckling. Ha tillit till dina intuitiva känslor du känner av dagligen och lita på dina magiska och omsorgsfulla förmågor. Det som också är viktigt är att du tänker på att öppna upp ditt hals energi centra, för som du vet har du ibland svårt att uttrycka dina uppriktiga och sanna känslor för andra människor och detta beror på din rädsla att inte bli trodd på. Be oss om hjälp med detta, vi vet att detta har att göra med "tidigare, samtida" liv för du har blivit "tystad" på olika sätt som påverkar dig fortfarande i detta nuvarande liv som människa på jorden.

Kom ihåg att du har kärleksfulla uppstigna varelser och mästare som hjälper dig bland annat genom ditt skrivande av böckerna för att få fram en del av mästarnas undervisning och budskap till människorna genom dig. Du är en kanal för det kanaliserade orden som vi önskar förmedla genom dig och detta är vi tacksamma för och vi ser ditt hjärtas potentiella öppenhet och kärlek så fortsätt ta emot och ge av kärlekens kraft. Detta budskap gäller er alla människor att ta till er av för er utvecklings skull och för ert fortsatta leverne tillsammans på jorden. Vi finns för er människor...alltid!

Hon blev så tacksam för dessa ord som hon tog till sig i hjärtat och bevarade dessa budskap med en förhoppning att vi alla människor kan vända det negativa som sker till det positiva inför vår framtid. Tack och återigen tack för alla kloka ord och visa budskap som ges och har getts till oss människor på jorden under all tid som existerat och som existerar.

Nu är sagan slut för denna gång...och...tänk om...det finns en hel del sanningar i denna berättelse...vad tror ni!?

****

Slutord!

Genom att jag skrivit mina tre böcker och berättat om de händelser jag upplevt och de kanaliserade budskap jag fått genom åren och en del av dessa olika tankar och funderingar jag har haft har gjort mig starkare som människa. Jag har lärt mig så mycket om mig själv medan jag skrivit ner dessa ord. Min förhoppning är att de som läser dessa böcker själva ska få förstå vad vi människor ursprungligen är och inse vilka krafter och förmågor vi besitter!

Dessa berättelser jag skrivit ner i böckerna kan tolkas på olika sätt beroende på vad den som läser tror på. Detta är min sanning och detta är vad jag tror på. Detta är min verklighet och ingen kan säga att det inte är så eller att det är så som jag beskrivit det i böckerna, men, tänk om...det är så!

Visst kan en del tycka mindre bra om det jag berättat om i mina böcker precis som andra som har skrivit och berättat om sina tankar, upplevelser och funderingar om livet. Det är allas fullständiga rättighet att tro på vad man vill. Detta är vad jag tror på och jag försöker hitta min styrka i detta och stå stark i min tro om allt som är. Jag dömer ingen annan om deras teorier om vad de tror på, det är absolut inte min uppgift för vem vet egentligen vad som är den rätta sanningen. Vi människor hålls i strama tyglar vad gäller sanningarna, anser jag!

Ingen kan med säkerhet säga vad jag sett och känner eller upplevt är sant eller inte sant. Det kan bara jag precis som andra kan säga vad de känt och upplevt och vet att det är allas och en vars egna sanningar och åsikter! Kärleken är störst och när vi alla förstår den och känner den inom oss, det är då vi kan leva i harmoni och i samförstånd med varandra här på jorden.

Vi behöver varandra för att växa i kärlekens tecken vi människor! Det är viktigt att vi ser på varandra med kärleksfull blick och att vi visar omsorg och förståelse för varandras olika sätt och för vår olika hudfärg.

Det är också viktigt och kanske det mest viktiga är att inte döma och förakta varandra för våra olika sätt att vara för att vi människor vandrar på olika livsvägar för att utvecklas till de andliga varelser vi innerst inne är!

Jag kommer förmodligen inte skriva fler böcker men vem vet, kanske det blir fler. Jag har tilltro till mina vägledare och guider som ger mig budskap och vägledning på min existens på jorden i detta nu som människa!

Kärlekens väg är den väg som är viktig för oss att gå och välja, så vad väljer Du!?

De som dömer förstår inte!
De som förstår kommer aldrig att döma!

****

Mina tidigare utgivna böcker!

Titel: En sagoberättelse om en flickas magiska liv på jorden!
Del 1+2

Utgivningsår: 2020

Omslagsfoto: Raija T. Öberg

ISBN: 978-91-7851-866-1

Förlag: BoD Books On Demand, Stockholm, Sverige

Tryck: BoD Books On Demand, Norderstedt, Tyskland

****

Titel: En kvinnas magiska liv på jorden! Del 3

Utgivningsår: 2021

Omslagsfoto: Raija T. Öberg

ISBN: 978-91-7969-301-5

Förlag: BoD Books-On-Demand Stockholm, Sverige

Tryck: BoD Books On Demand, Norderstedt, Tyskland

Önskar er alla en kärleksfull väg genom liven och med ett öppet och förstående hjärta välja det som är gott för var och en av oss, tillika dig själv!

Mitt öppna hjärta och kärlek finns alltid hos och med er!

****